Pão Diário KIDS

ESCOLAR

Este livro pertence a:

_____

© 2021 Ministérios Pão Diário. Todos os direitos reservados.

Texto e Adaptação: Simone Mota
Revisão de Conteúdo: Denise Rogério
Edição e Revisão: Dalila de Assis, Dayse Fontoura, Lozane Winter, Thaís Soler
Direção de Arte: Audrey Novac Ribeiro
Projeto Gráfico e Diagramação: Lucila Lis

Proibida a reprodução total ou parcial, sem prévia autorização, por escrito, da editora.
Todos os direitos reservados e protegidos pela Lei 9.610, de 19/02/1998.

Exceto quando indicado no texto, os trechos bíblicos mencionados são da edição
Nova Tradução na Linguagem de Hoje © 2011 Sociedade Bíblica do Brasil.

Publicações Pão Diário
Caixa Postal 4190, 82501-970 Curitiba/ PR, Brasil
publicacoes@paodiario.org
www.publicacoespaodiario.com.br

Código: N9269
ISBN: 978-65-87506-06-7

1.ª edição: 2021 • 2.ª impressão: 2023

Impresso na China

Introdução

Na missão de contribuir para que a sabedoria transformadora da Bíblia seja compreensível às crianças, Publicações Pão Diário tem a satisfação de disponibilizar esta edição especial do *Pão Diário KIDS* com abordagem do tema *Escolar*.

As meditações foram selecionadas para tratar do assunto de forma leve, na linguagem da criança, mostrando a ela como lidar com certas situações típicas da comunidade escolar, bem como apresentando soluções práticas no relacionamento com os colegas e na hora dos intervalos. Também mostra a seriedade que precisamos ter com os estudos e como Deus pode falar por meio de cada dilema escolar.

Esses dilemas são bem conhecidos pelas crianças de agora e também de outrora: provas, trabalhos, comportamento em sala de aula, esportes, respeito ao próximo, *bullying*, preconceito etc.

Este livro também contém atividades e espaço para anotações, sendo uma ferramenta excelente para quem trabalha com Capelania Escolar ou para os pais que desejam orientar a criança sobre o que é esperado dela nesse lugar que marca tanto a infância de todos nós: a escola!

Dos editores do *Pão Diário*

Conheça os personagens

Arthur

Ana

Papai

Mamãe

Vovó

Vovô

Tio Lúcio

Tia Jana

Lucas

Pedrinho

Sandro

Ênio

Dia 01

Estou pronta!

> Ele me faz descansar em pastos verdes e me leva a águas tranquilas. O Senhor renova as minhas forças...
> —Salmo 23:2,3

Meu nome é Arthur e hoje eu e a minha irmã Ana lembramos que na próxima semana voltamos às aulas. Eu fiquei nervoso e Ana ansiosa. Fiquei nervoso de pensar que volta o tempo de acordar cedo, provas e dever de casa. Minha irmã quer justamente isso.

—Amo estudar. Por mim, nem existiriam as férias.

Papai riu e explicou:

—Filha, as pausas são necessárias. Em quantos dias Deus criou o mundo?

—Seis!

—E o que Ele fez no sétimo dia?

—Descansou.

—E você sabe o que isso significa?

—Não.

—Que descansos são necessários. Se você não tivesse curtido as férias, agora estaria cansada e provavelmente não iria aprender tanto quanto vai aprender a partir da próxima semana, já que está descansada e pronta para mais um ano de estudos. Descansar serve para reunirmos forças para fazer melhor aquilo que temos para fazer.

—Que interessante! Então, que venham as aulas. Estou pronta!

ORAÇÃO

Deus, obrigado por criar o descanso e por renovar nossas forças!

ATIVIDADE

1) Você gosta de descansar?

2) Do que você mais gostou nessas férias?

Dia 02

Primeiro dia de aula

Tudo o que você tiver de fazer faça o melhor que puder...
—Eclesiastes 9:10

Nem acreditei quando finalmente o relógio marcou meio-dia e o primeiro dia de aulas acabou. E já tenho tarefa de matemática e ciências para estudar.

Quando chegamos à casa, mamãe perguntou como tinha sido na escola. Enquanto Ana estava empolgada, eu fui muito sincero:

—Ah mãe, eu torci para acabar logo. Fiquei feliz quando deu meio-dia!

—Filho, não faça isso! Não deixe a vida passar rápido sem aproveitar. Lá na escola você pode aprender um monte de coisas interessantes, pode se divertir com seus amigos brincando e aprendendo. Tenho certeza que depois que você sair da escola, vai sentir muitas saudades. Por isso, não tenha pressa de viver o que precisa ser vivido, tenha o cuidado de aproveitar cada momento. Lembre-se de que a vida foi Deus quem nos deu para vivermos tudo intensamente.

ORAÇÃO

Querido Deus, me ensine a amar a escola e ajude-me a aprender muito esse ano!

ATIVIDADE

1) Você está feliz com a volta às aulas?

2) Do que você mais gosta na escola?

Todos são úteis

Dia 03

> Então o Senhor Deus pôs o homem no jardim do Éden, para cuidar dele e nele fazer plantações.
> —Gênesis 2:15

Mamãe veio me ajudar a fazer uma maquete do sistema solar. Pintamos os planetas em bolas de isopor.

Ana pediu para ajudar, mas ela não sabe pintar direito. Eu disse que não era para ela se intrometer, mas a mamãe a deixou responsável por espetar o palito de dente em cada bola pintada para secar.

Por causa disso, nossa maquete demorou mais tempo para ficar pronta e fiquei irritado.

—Mamãe, a Ana está atrapalhando. Não precisamos dela.
—Filho, quem é responsável por falar do amor de Deus a todas as pessoas?
—Nós!
—E quem você acha que faria isso melhor. Deus ou nós?
—Deus!
—Então por que é que Ele deixou a gente fazer?
—Não sei.
—Para nos dar a oportunidade de participar do crescimento do Seu reino. Vamos lá, põe um sorriso nesse rosto e deixe sua irmã trabalhar conosco. O importante é participar!
—*Tá*, tudo bem.

ORAÇÃO

Deus, obrigado por permitir que eu faça parte da Sua obra.

ATIVIDADE

1) Você gosta de ajudar as pessoas?

2) Você deixa as pessoas o ajudarem?

Dia 04

Fim do preconceito

> ...nunca tratem as pessoas de modo diferente
> por causa da aparência delas.
> —Tiago 2:1

Quando cheguei à escola, um dos meus amigos, o Sandro, estava no meio de uma rodinha e dando muita risada. Logo percebi que o motivo do riso era um menino novo da turma.

O Ênio veio de outro estado e tem um sotaque diferente. Ele estava triste, de cabeça baixa, enquanto os meninos riam do jeito dele falar.

Essa, não! Eu não podia deixar aquilo barato. Saí em sua defesa:

—Ei, vocês não sabem que é pecado fazer acepção de pessoas?

Todos caíram na risada e o Sandro perguntou:

—Você inventou essa palavra, né?

Eu não tinha inventado. Papai me mostrou na Bíblia e explicou que isso é tratar as pessoas diferente, é como alguém que trata bem o amigo rico, mas trata mal o amigo pobre.

Expliquei isso para eles e disse que Deus gosta de todos nós do mesmo jeito, mesmo sendo diferentes.

Todos pediram desculpas para o Ênio!

ORAÇÃO

Senhor, quero amar o meu próximo do mesmo jeito que eu me amo.

ATIVIDADE

1) Por quais motivos você escolhe seus amigos?

2) Importa se eles são ricos ou pobres, feios ou bonitos?

Dia 05

Falando bem dos amigos

> Meus irmãos, não falem mal uns dos outros...
> —Tiago 3:18

Desde o dia em que ajudei o Ênio e o Sandro a se entenderem, eles ficaram bem amigos. Fazem tudo juntos. Estudam, jogam bola, *video game* e saem juntos até para a escola.

Hoje, no início da aula, o Sandro estava bravo com o Ênio porque ele esqueceu em casa o trabalho de geografia que eles passaram a tarde toda fazendo.

O Sandro falou muito mal do Ênio para mim e eu já ia concordar com ele, quando lembrei que o papai e a mamãe me ensinaram que preciso tomar cuidado para que as palavras que saem da minha boca sejam boas e de paz. Eu nunca devo provocar a raiva falando mal das pessoas.

Respirei fundo e ajudei o Sandro a entender que o Ênio não fez por mal. No fim da aula, a professora os deixou entregar o trabalho daqui a dois dias e eles continuam amigos.

Já pensou se eu tivesse falado mal do Ênio?

ORAÇÃO

Senhor, ajude-me a não falar mal das pessoas.

ATIVIDADE

1) Você já ficou chateado por causa de alguma fofoca?

2) Você já falou mal de alguém e se arrependeu depois?

Dia 06

O sanduíche e o Pão da Vida

> ...vocês (...) serão minhas testemunhas em Jerusalém, em toda a Judeia e Samaria e até nos lugares mais distantes...
> —Atos 1:8

Mamãe sempre diz que precisamos falar do amor de Deus para todas as pessoas, mas hoje a Ana se superou.

Acredita que ela falou de Jesus para um mendigo que fica na porta da escola?

Ele sempre diz que está com fome.

Então a Ana disse:

—Olha, seu moço, não tenho dinheiro, mas guardei o lanche do recreio especialmente para você.

Ele ficou muito surpreso.

E ela continuou:

—Você é muito especial para Deus, sabe... Ele até mandou o Seu Filho morrer na cruz para perdoar os seus pecados. E os meus também. Hoje eu só tenho esse sanduíche para dar, mas o Filho de Deus, Jesus, é o Pão da Vida, e se você aceitá-lo como Salvador, nunca mais vai sentir fome de amor e de amizade.

Os olhos do homem se encheram de lágrimas.

Mamãe, que estava junto, disse à Ana que ela agradou o coração de Deus, pois se importou com o próximo.

ORAÇÃO

Deus, quero testemunhar do Seu grande amor a qualquer pessoa.

ATIVIDADE

1) Para quem você já falou do amor de Deus?

2) Você tem coragem de pregar o evangelho para todos os seus amigos?

Terceiro ano assustador

Dia 07

> Aos cansados ele dá novas forças
> e enche de energia os fracos.
> —Isaías 40:29

As aulas nem bem começaram e já estou com medo de não conseguir aprender as matérias. São tão difíceis!

Cheguei à casa desanimado e falei:

—Esse ano vai ser difícil passar.

—Como assim?

—Mãe, o terceiro ano é muito mais difícil do que o primeiro. As coisas que eu aprendi em dez dias são mais difíceis do que tudo o que aprendi no ano passado.

Mamãe sorriu.

—A senhora está rindo da minha desgraça?!

—Não há nenhuma desgraça, filho. Ao contrário, você precisa lembrar todos os dias que nós contamos com a graça de Deus para vencer cada obstáculo a nossa frente. Todos os anos, o grau de dificuldade na escola vai aumentar, mas não sinta medo, porque todos os anos você também estará mais preparado para enfrentar um desafio maior.

—Então, se é assim, que Deus me dê energia e que eu passe de ano.

—Ânimo, filho. Você vai conseguir!

ORAÇÃO

Senhor, me ajude a permanecer animado até o final do ano!

ATIVIDADE

1) Você está animado nesse início de ano?

2) Peça ao Senhor que o ajude a compreender tudo o que os professores ensinam na sala de aula.

Dia 08

A mágoa e a verdade

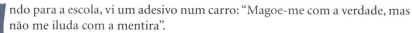
Ajuda-me a falar sempre a verdade...
—Salmo 119:43

Indo para a escola, vi um adesivo num carro: "Magoe-me com a verdade, mas não me iluda com a mentira".

Achei estranha essa coisa da verdade magoar alguém e perguntei para o papai:

—Papai, a verdade pode ser ruim?

—Claro que não, meu filho. Por quê?

—Eu acabei de ler um adesivo que diz "magoe-me com a verdade, mas não me iluda com a mentira".

—Filho, Deus é amor e verdade, portanto, a verdade nunca é ruim. Às vezes, ela parece não ser boa, mas nesses casos ela é como o remédio que cura uma doença. Até parece ruim, mas só faz bem. Entende?

—Como assim?

—Por exemplo, quando a professora na escola fala a um menino que ele é bagunceiro e precisa melhorar o comportamento, ele gosta de ouvir isso?

—Não!

—Mas é a verdade, e a professora está falando isso para ajudá-lo a melhorar.

—Entendi, papai. A mentira é que sempre faz mal, não é?

—Exatamente.

ORAÇÃO

Jesus, que eu sempre prefira a verdade na minha vida!

ATIVIDADE

1) Você entendeu por que a verdade é sempre melhor?

2) Você só fala a verdade?

O exemplo de Cristo

Dia 09

> A conduta de vocês entre os pagãos deve ser boa, para que [...] louvem a Deus no dia da sua vinda.
> —1 Pedro 2:12

Fui com o papai à padaria comprar pão e um menino novo na minha turma, o Adriano, estava lá.

Ele me deu oi e virou para o pai dele e falou:

—Pai, esse é aquele menino que eu falei para o senhor que acabou com o *bullying* que estavam fazendo com o Ênio lá na sala. Os meninos me disseram que ele e toda família amam a Jesus.

O pai dele se virou para o meu pai e disse:

—Parabéns pelo seu filho, ele é um bom garoto e meu filho está muito feliz de estudar com ele esse ano.

Quando saímos da padaria, o papai me deu um forte abraço e disse:

—Hoje é um dia muito especial para mim porque você me mostrou que é testemunha do amor de Cristo em todos os lugares, mesmo quando eu ou a mamãe não estamos perto. Saiba que essas pessoas vão aprender a amar a Jesus por causa do seu exemplo.

Eu fiquei muito feliz!

ORAÇÃO

Querido Deus, fico muito feliz de fazer propaganda do amor de Cristo para as pessoas.

ATIVIDADE

1) Você acredita que sua vida é um exemplo do amor de Jesus para as pessoas?

2) Como você pode ajudar a divulgar o amor de Cristo por onde passa?

Dia 10

Plantando uma árvore

> Que a esperança que vocês têm os mantenha alegres; aguentem com paciência os sofrimentos e orem sempre.
> —Romanos 12:12

A professora de ciências deu a cada aluno uma muda de árvore que depois de crescida chega a quinze metros de altura.

Fiquei empolgado para plantar, até que ela disse que a árvore leva quase 20 anos para alcançar a estatura máxima.

—Vinte anos?

Desanimei!

Quando cheguei à casa, joguei a muda num canto.

Papai perguntou o que era. Expliquei que era uma árvore, mas que demorava demais para crescer.

Ele disse que preciso ser paciente e que devo plantar a árvore mesmo assim, afinal, as árvores que vejo na rua e no quintal das casas só existem porque alguém as plantou, mesmo correndo o risco de não as ver grandes. Ele disse ainda que muitas pessoas não recebem respostas das suas orações porque não tem paciência para esperar o tempo de Deus para a resposta.

Plantei a árvore e aprendi que devo continuar orando, mesmo que a resposta demore.

ORAÇÃO

Senhor, ajude-me a esperar o tempo certo de cada situação na minha vida.

ATIVIDADE

1) Você está orando sobre alguma coisa que ainda não teve resposta?

2) O que é mais difícil para você esperar?

Dia 11

Uma bagunça só!

> ...não falem mal de ninguém, mas que sejam calmos e pacíficos e tratem todos com educação.
> —Tito 3:2

A professora de português passou um trabalho gigantesco que iremos fazer em grupo. Hoje começamos a dividir as tarefas, mas foi uma bagunça só!

Ninguém se entendia. Todo mundo queria fazer a mesma parte e ninguém sabia tudo o que precisava ser feito.

Quando a professora percebeu a confusão, veio nos ajudar e deu várias sugestões e orientações que nos ajudaram a organizar tudo.

Contei essa história para o papai e ele disse que bagunçar e complicar é fácil, mas é sempre difícil organizar. O único que tem facilidade para ordenar tudo é Jesus, pois Ele traz paz ao coração das pessoas que, então, conseguem se organizar. Ele disse, também, que nós podemos ajudar a diminuir as bagunças quando somos pessoas bondosas e gentis com as outras.

Ele tem razão; sem briga e discussão, não vira bagunça!

ORAÇÃO

Senhor, obrigado por me dar paz e ajudar a resolver meus problemas.

ATIVIDADE

1) Você sente paz no coração?

2) Você confia que Deus está te ajudando mesmo em momentos confusos?

Dia 12

Caixa de bombons

> Não dê com tristeza no coração,
> mas seja generoso com ele...
> —Deuteronômio 15:10

Durante a aula de matemática, a professora prometeu um prêmio para quem resolvesse primeiro o problema que ela passou.

Adivinha quem acertou primeiro? "Euzinho"!

E adivinha qual era o prêmio?

Uma caixa de bombons. Da minha marca preferida.

Na hora do recreio, o Sandro pediu um bombom.

Eu abri a caixa, separei um para mim e um para Ana e então distribuí os outros bombons com meus amigos de sala.

Uma das meninas ficou admirada ao me ver dividir meu prêmio. Ela disse que nunca faria isso.

Eu disse que meus pais me ensinaram que Deus se agrada de pessoas generosas. E depois me explicaram que ser uma pessoa generosa é dividir suas coisas com alegria com outras pessoas.

Ela perguntou:

—Mas qual a vantagem?

—Meus amigos ficam felizes e eu não engordo. É melhor ter amigos do que um monte de bombons!

ORAÇÃO

Senhor, ajude-me a lembrar de ser generoso em todas as situações.

ATIVIDADE

1) Você gosta de dividir seu tempo e suas coisas com outras pessoas?

2) O que você tem mais dificuldade para dividir?

Perguntas

Dia 13

> ...Estejam sempre prontos para responder a qualquer pessoa que pedir que expliquem a esperança que vocês têm.
> —1 Pedro 3:15

A professora de português pediu que fizéssemos uma redação sobre o maior tesouro que temos na vida. Hoje, ela devolveu as redações corrigidas e escolheu algumas pessoas para lerem seus textos. Eu fui um dos escolhidos. E ela explicou o porquê:

—Arthur, a maioria dos seus amigos disse que o maior tesouro que possuem são suas famílias, a mãe, ou algum presente que ganhou dos avós. Você foi o único que disse que Deus é seu maior tesouro. Por quê?

—Porque meus pais me ensinaram que todas as coisas foram criadas por Deus e que Ele fez tudo por me amar. Inclusive, mandou o próprio Filho Jesus para morrer por mim e perdoar meus pecados. Então descobri que tenho paz e sou feliz porque Deus é meu amigo. Até minha família, que amo tanto, foi Ele quem me deu! Ele é, com certeza, o meu maior tesouro.

ORAÇÃO

Deus, o Senhor é o presente mais precioso que ganhei na vida.

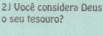

ATIVIDADE

1) Qual é o seu maior tesouro?
2) Você considera Deus o seu tesouro?

Dia 14

Pessoas que gosto

> Alguns de vocês eram assim. Mas foram lavados do pecado (...) por meio do Senhor Jesus Cristo...
> —1 Coríntios 6:11

Durante o recreio, a turma resolveu votar para saber qual de nós era o mais legal da sala.

Para minha surpresa, fui o mais votado!

Sandro disse que votou em mim porque sou amigo de todos e não falo mentiras. Ênio elogiou minha bondade. Adriana lembrou o dia que dividi a caixa de bombons com todos e a Patrícia disse que não tenho defeitos!

Eu fiquei sem graça! Na verdade, tenho muitos defeitos. Esses dias mesmo a mamãe me deu uma bronca porque fui orgulhoso e egoísta.

Foi então que me lembrei de uma coisa que o papai disse e resolvi contar para a turma:

—Pessoal, agradeço a vocês, mas preciso avisá-los que não sou perfeito. Tenho muitos defeitos. A diferença, talvez, é que aprendi que, quando me arrependo dos meus erros, Jesus me perdoa! E também aprendi que ser como Ele me faz mais feliz. Então, todos vocês podem ser como eu: amigos de Jesus e perdoados por Ele.

ORAÇÃO

Deus, que eu sempre me lembre de que não sou perfeito.

ATIVIDADE

1) Na sua opinião, qual é o seu maior defeito?

2) Como você pode corrigir esse defeito?

É possível escapar?

Dia 15

> ...Deus cumpre a sua promessa e não deixará que vocês sofram tentações que vocês não têm forças para suportar...
> —1 Coríntios 10:13

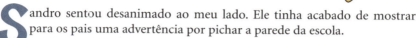

Sandro sentou desanimado ao meu lado. Ele tinha acabado de mostrar para os pais uma advertência por pichar a parede da escola.

—Meus pais ficaram decepcionados comigo. Não consigo fazer nada direito, disse ele.

—Ô, Sandro, mas por que você estragou a parede da escola?

—Ah, os meninos me provocaram, dizendo que eu não tinha coragem. Tive que provar que sou corajoso.

—Sabe, meu pai me ensinou que na vida nós nunca sofremos tentação maior do que podemos suportar.

—O que é tentação?

—É a oportunidade de fazer uma coisa errada. Toda vez que aparece uma, junto vem a chance de escapar. Tente se lembrar de um momento que poderia ter fugido dessa situação.

—Hummm... a professora passou no corredor e me pediu para ajudá-la a carregar umas caixas, mas eu não fui.

—Viu? O segredo é orar e pedir que Deus lhe mostre o escape quando for tentado.

—Valeu, Arthur. Vou tentar isso da próxima vez!

ORAÇÃO

Deus, ajude-me a fugir das coisas erradas que aparecem para eu fazer.

ATIVIDADE

1) Você já fez alguma coisa errada que poderia ter evitado? O quê?

2) Você já conseguiu escapar de fazer uma coisa errada?

Dia 16

Precisando de um favor

> ...Senhor, eu sei que o senhor pode me curar se quiser.
> —Mateus 8:2

Ana queria a ajuda do papai para um trabalho escolar, mas ele estava ocupado e ela teve receio de interrompê-lo.

Enquanto esperava, acabou adormecendo no sofá.

Mais tarde, quando papai terminou seu trabalho, ele viu Ana dormindo e resolveu levá-la até o quarto. Nesse momento ela despertou e falou que precisava terminar a sua tarefa e dependia da ajuda dele. Papai estranhou e perguntou por que ela não havia pedido ajuda antes. Depois de ouvir sua explicação, ele disse:

—Filha, você sempre será prioridade para mim. Nunca ficarei irritado por você me pedir ajuda. E aprendi isso com Deus, pois Ele está sempre disponível para Seus filhos. Sempre que preciso, eu o procuro em oração e medito em Sua Palavra. E Ele sempre me responde, me conforta e me orienta.

—Obrigada, papai. Das próximas vezes, eu não terei vergonha de pedir a sua ajuda.

ORAÇÃO

Senhor, obrigado por estar sempre disponível para me ajudar.

ATIVIDADE

1) Você tem vergonha de pedir ajuda para alguém?

2) Você já precisou da ajuda de Jesus?

Tarde demais

Dia 17

> ...tenhamos muito cuidado para que Deus não julgue que algum de vocês tenha falhado...
> —Hebreus 4:1

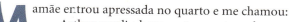

Mamãe entrou apressada no quarto e me chamou:

—Arthur, perdi a hora e estamos atrasados para chegar à escola. Você precisa ser rápido ou vai perder o ônibus da excursão para o zoológico.

Eu estava tão sonolento, que não liguei para o que ela falou e continuei dormindo.

Minutos depois, mamãe voltou e disse:

—Arthur, agora nosso atraso é maior. Você tem poucas chances de chegar a tempo.

Corremos bastante, mas quando chegamos na escola, os ônibus já tinham saído. Senti uma tristeza tão grande!

O papai disse que quando perdemos alguma coisa por culpa nossa, ficamos muito frustrados. Ele disse ainda que a maior perda que podemos ter — por nossa própria culpa — é ficar longe de Deus por toda a eternidade.

Prometi ao papai que ficarei sempre atento!

ORAÇÃO

Senhor, que nenhuma das minhas atitudes me levem para longe de ti.

ATIVIDADE

1) Você já aceitou a Jesus como seu Salvador?

2) Convide sua família para aceitar essa salvação também!

Dia 18

Melhor nota da sala

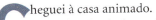

...Se alguém quiser se orgulhar,
que se orgulhe de me conhecer e de me entender...
—Jeremias 9:24

Cheguei à casa animado.

—Mamãe, tirei a nota máxima na prova de matemática. Fui o único da sala!

—Fico feliz por você.

—Estou muito orgulhoso!

—Cuidado! O orgulho é um sentimento perigoso.

—Por quê?

—Porque, quase sempre, ele vem junto com sentimentos como ingratidão e egoísmo.

—Como assim?

—Lembra que um dia antes da prova, enquanto estudava, você pediu a Deus para ajudá-lo?

—Lembro.

—Você chegou orgulhoso do resultado, mas não percebi gratidão a Deus pela ajuda dele. Outra coisa: você se gabou de ser o único a tirar 10. Isso não é motivo de alegria! Seria melhor que todos conseguissem a nota máxima! Querer ser o único a ter bons resultados é egoísmo!

—Estou envergonhado!

—Não sinta vergonha, mas lembre-se de que na vida só devemos ter orgulho de conhecer a Deus. Todo orgulho diferente disso pode ser muito ruim.

ORAÇÃO

Deus, que eu sempre me lembre que existo para que o Senhor seja glorificado e não eu.

ATIVIDADE

1) Você já sentiu orgulho de alguma coisa?

2) Por que devemos evitar o sentimento de orgulho?

O sonho do amigo

Dia 19

> Não façam nada por interesse pessoal [...] mas sejam humildes e considerem os outros superiores a vocês mesmos.
> —Filipenses 2:3

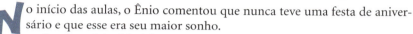

No início das aulas, o Ênio comentou que nunca teve uma festa de aniversário e que esse era seu maior sonho.

O aniversário dele é daqui a quatro dias e hoje pedi à mamãe para fazer um bolo para levar para ele na escola. Ela concordou e disse:

—Que lindo, Arthur! Fiquei feliz de perceber que você se interessa pelos sonhos das outras pessoas.

—Como assim?

—Veja, você não vai ganhar nada por ajudar o Ênio, mas o Ênio vai ficar muito feliz. E Deus se agrada de pessoas que se importam com as outras. Lá no livro de Filipenses, o apóstolo Paulo disse para considerarmos as outras pessoas mais importantes que nós!

—Ah, é? Mas mamãe, eu vou ficar feliz de ver o Ênio feliz! Então eu também estou ganhando.

—Você tem razão, mas muitas pessoas são tão egoístas que não entendem que, ao abençoar alguém, também são beneficiadas.

ORAÇÃO

Deus, quero amar e me importar com os outros sempre.

ATIVIDADE

1) Você já foi abençoado com a amizade de outra pessoa?

2) Você já se preocupou em fazer outra pessoa feliz? Quem?

Dia 20

Tudo o que preciso

> ...eu vou preparar um lugar para vocês...
> —João 14:2

A professora perguntou:
— Qual a função da mãe na família?

Uma menina respondeu:
— Ela limpa a casa, faz comida e fica regulando doces e a *internet*.
— Muito bem! E qual é a função do pai?
— Trabalhar e pagar todas as contas.

A professora explicou que não é assim em todas as casas. Hoje, muitas mulheres trabalham fora e muitos pais participam nos serviços de casa. Ela lembrou que em algumas casas quem cuida de tudo são os avós e em outras só existe o pai ou a mãe.

Quando comentei sobre a aula, a mamãe concordou com a professora e disse:
— Apesar dessas diferenças que existem na dinâmica de muitas famílias, Deus é aquele que cuida de tudo. Ele enviou Jesus, que veio aqui nos conceder a salvação e deixar o Espírito Santo para nos fazer companhia. Também deixou a Bíblia para nos ensinar tudo o que precisamos para ter uma vida saudável aqui na Terra e ainda foi para o Céu preparar uma casa bem bonita para nós.

ORAÇÃO

Deus, obrigado por cuidar de tudo para nós aqui na Terra e aí no Céu.

ATIVIDADE

1) Como são as coisas na sua casa?

2) Você se sente seguro em saber que Deus cuida de tudo na sua vida?

Era uma vez

Dia 21

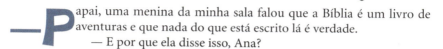

> O Senhor ordenou que um grande peixe engolisse Jonas. E ele ficou dentro do peixe três dias e três noites.
> —Jonas 1:17

—Papai, uma menina da minha sala falou que a Bíblia é um livro de aventuras e que nada do que está escrito lá é verdade.
— E por que ela disse isso, Ana?
—Ah, ela acha que não tem como um homem ser engolido inteiro por um peixe e ser vomitado com vida de dentro do peixe três dias depois.
—Ela estava falando de Jonas?
—Isso.
—Filha, quem inspirou a escrita dos livros da Bíblia?
—Deus!
—Ele é mentiroso?
—Não.
—Então, não se preocupe; apesar da sua amiga não acreditar, tudo o que está registrado na Bíblia aconteceu de verdade. Nós mesmos já vimos Deus curar a sua avó. Os médicos já não tinham esperança e Deus devolveu a saúde para ela, não é mesmo?
—É, sim.
—Mesmo que alguém não queira acreditar, nós sabemos que isso aconteceu. Com a Bíblia é a mesma coisa.
—Está bem, papai. Eu continuo acreditando!

ORAÇÃO

Senhor, obrigado pela inspiração da Sua Palavra que nos ajuda a conhecer o Seu poder!

ATIVIDADE

1) Você acredita no que está escrito na Bíblia?

2) De qual acontecimento descrito na Bíblia você mais gosta?

Dia 22

O Dia "D"

> ...decidam hoje a quem vão servir (...)
> Porém eu e a minha família serviremos a Deus, o Senhor.
> —Josué 24:15

Hoje tive uma prova de matemática daquelas! A professora colocou todo o conteúdo que aprendemos até agora.

Já fazia dias que ela avisava que o dia seis seria o "Dia D". Dia de confirmar se nós tínhamos aprendido a matéria ou não.

O papai e a mamãe me ajudaram a estudar bastante e, apesar do frio na barriga, consegui fazer uma boa prova.

Falei para o papai que a professora chamou o dia da prova de "Dia D", mas não entendi o porquê.

Ele explicou que o "Dia D" quer dizer que o dia ou o momento é decisivo na vida de alguém. Surgiu quando vários exércitos aliados invadiram a Normandia, mais de 70 anos atrás, para expulsar os nazistas. Era um termo militar para o dia em que uma operação planejada iria começar.

Papai disse que seu casamento foi um "Dia D" e que a decisão de que a nossa família serviria ao Senhor foi o "Dia D" mais importante para nossa família!

ORAÇÃO

Deus, quero decidir permanecer na Sua presença todos os dias.

ATIVIDADE

1) Você já fez alguma decisão importante na sua vida? Qual?

2) Você já decidiu ser filho de Deus, por meio da salvação de Cristo?

Aniversário do Ênio

Dia 23

> Como gostaria que alguém me ouvisse!...
> —Jó 31:35

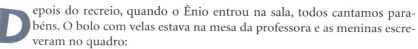

Depois do recreio, quando o Ênio entrou na sala, todos cantamos parabéns. O bolo com velas estava na mesa da professora e as meninas escreveram no quadro:

FELIZ ANIVERSÁRIO, ÊNIO!

Ele ficou emocionado!

Enquanto assoprava a vela, não conseguiu segurar uma lágrima e, com dificuldade para falar, disse:

—Hoje é o dia mais feliz da minha vida! Eu contei para o Arthur que nunca tive uma festa e vocês todos se uniram para me fazer feliz.

Ele abraçou a todos e me agradeceu pela surpresa.

Quando contei tudo isso em casa, o papai me parabenizou. Ele disse:

—Sabe, filho, hoje em dia as pessoas não se preocupam umas com as outras. Elas nem escutam mais as outras pessoas. Mas você ouviu o seu amigo e ainda se esforçou para agradá-lo, oferecendo o que ele mais desejava. Hoje eu sei que você agradou muito o coração de Deus!

ORAÇÃO

Querido Deus, assim como o Senhor sempre me ouve nas orações, eu também quero ouvir mais os meus amigos.

ATIVIDADE

1) Você já foi ouvido por alguém? Como você se sentiu?

2) Você já parou para ouvir outra pessoa?

Dia 24

Mereço mais que ele

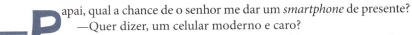

No céu, eu só tenho a ti. E, se tenho a ti, que mais poderia querer na terra?
—Salmo 73:25

—Papai, qual a chance de o senhor me dar um *smartphone* de presente?

—Quer dizer, um celular moderno e caro?

—Sim… é que o Murilo ganhou do pai dele e me mostrou. Esse tipo de celular é muito legal e eu tive muita vontade de ter um.

— Filho, no momento, eu não tenho condições de gastar tanto dinheiro em um celular. Por isso, a resposta é não.

—Mas pai, não é justo! O Murilo é mal-educado, responde à professora, não faz as tarefas. Por que ele pode ter coisas melhores que eu?

—Arthur, em primeiro lugar, você precisa entender que está sendo invejoso. Se o pai do Murilo pode e resolveu dar um presente caro para ele, você deve ficar feliz e não se sentir no direito de ter o que é dele. Além disso, você tem a Cristo como Salvador e isso é mais importante e valioso que todo o tesouro existente na Terra!

ORAÇÃO

Deus, ajude-me a não ser invejoso!

ATIVIDADE

1) Você já sentiu inveja de alguém?

2) Qual é a coisa mais importante que podemos conquistar nesta vida?

Sabedoria do alto

Dia 25

> A sabedoria que vem do céu é antes de tudo pura;
> e é também pacífica...
> —Tiago 3:17

Durante o recreio, um garoto mais velho esbarrou em mim e virou na minha roupa o copo de suco que eu segurava.

Logo percebi que a turma dele ria de mim e que tinha sido de propósito. Fiquei muito bravo! Minha vontade era dar um soco naquele sem noção.

Meus amigos vieram me acudir e me incentivaram a partir para cima do garoto, mas no meu coração eu sabia que não podia fazer isso.

Saí do meio da confusão e fui até a inspetora de alunos explicar o que aconteceu. Ela e a diretora do colégio trataram o caso com o menino e com os pais dele.

Eu sabia que podia querer a justiça, mas no meu coração eu sabia o jeito certo de fazê-lo e foi por isso que ouvi o Espírito Santo em meu coração e não os meus amigos.

Quando papai soube o que aconteceu, ele disse que eu agi certo. Ufa!

ORAÇÃO

Senhor, obrigado por me ajudar a tomar a decisão certa nos momentos difíceis.

ATIVIDADE

1) Você já viveu uma situação parecida com a do Arthur?

2) Como você reagiu?

Dia 26

Furando fila?

> Quem ama os outros não faz mal a eles.
> Portanto, amar é obedecer a toda a lei.
> —Romanos 13:10

Hoje, durante o recreio, serviram um lanche muito gostoso para os alunos. Eu também quis o lanche, mas a fila estava gigante!

Um dos meus amigos estava lá no começo e me ofereceu um lugar na frente dele.

Eu estava indo para lá quando lembrei da perguntinha básica que mamãe me ensinou a fazer:

"Se Jesus estivesse no meu lugar, o que Ele faria?".

Então eu percebi que Jesus nunca furaria a fila, pois as pessoas que ficam para trás chegaram antes de mim e isso não é justo com elas.

Se, de alguma maneira, eu prejudico outras pessoas, então não devo fazer aquilo! Desisti do lugar no começo e fui lá para o final da fila. E eu sei que Jesus faria exatamente como eu fiz!

ORAÇÃO

Senhor, que eu sempre demonstre amor para com as pessoas nas minhas decisões.

ATIVIDADE

1) Você já fez alguma coisa que prejudicou outras pessoas?

2) Como você pode mudar isso?

Nascer sabendo

Dia 27

> ...Porém continuem a crescer na graça e no conhecimento do nosso Senhor e Salvador Jesus Cristo. —2 Pedro 3:18

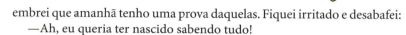

Lembrei que amanhã tenho uma prova daquelas. Fiquei irritado e desabafei:

—Ah, eu queria ter nascido sabendo tudo!

Eu não sabia, mas papai estava atrás de mim e ouviu meu desabafo.

—Queria ter nascido sabendo o quê?

—Tudo! Não queria precisar ir para a escola!

—Está certo. Então você já queria ter nascido adulto?

—De jeito nenhum! Não queria, não.

—Ué, mas crianças vão para a escola. E você está querendo pular etapas.

—Eu gosto de ser criança, mas não gosto de estudar.

—Até na nossa vida com Deus, existe um processo de aprendizado. Precisamos ler a Bíblia sempre para aprender um pouquinho a cada dia. Você precisa entender que em quase tudo na vida o processo é mais importante do que o resultado.

—Como assim?

—É como uma viagem; chegar é muito bom, mas apreciar o caminho também é muito divertido. Entendeu?

—Ah, entendi, sim.

ORAÇÃO

Senhor, quero aprender um pouco mais todos os dias.

ATIVIDADE

1) Você entendeu por que não vale a pena nascer sabendo?

2) O que você aprendeu recentemente?

Dia 28

Aventura na caverna

> No amor não há medo;
> o amor que é totalmente verdadeiro afasta o medo...
> —1 João 4:18

Hoje eu e minha turma de escola fizemos uma excursão para conhecer algumas cavernas. Quando chegamos, a equipe de guias fez várias recomendações e distribuiu lanternas e água.

Dentro da caverna, não poderíamos nos afastar do grupo e dos guias, mas no meio da aventura, meu tênis desamarrou e me abaixei para arrumar. Todos continuaram andando e fiquei sozinho.

Quando levantei a lanterna e não vi ninguém, fiquei desesperado. Comecei a tremer e a chorar, pois não sabia o que fazer.

Então lembrei-me que mamãe ensinou que Deus nos ama demais e nos protege. Por causa desse amor, não devemos sentir medo, e sim, confiança!

Então me acalmei, segui um pouco para frente e, com muito cuidado, chamei pelo grupo. Eles estavam logo à minha frente e foi só a escuridão e uma estalactite gigante que os esconderam de mim. Ufa!

ORAÇÃO

Senhor, obrigado pelo Seu amor que afasta de mim o medo!

ATIVIDADE

1) Qual foi o maior medo que você já sentiu na sua vida?
2) Como você superou esse medo?

Ajudando com carinho

Dia 29

> ...quando estivemos com vocês (...) fomos como uma mãe ao cuidar dos seus filhos.
> —1 Tessalonicenses 2:7

Estou aprendendo frações na escola, mas não estou entendendo muito bem. Hoje mamãe pediu que Ana me ajudasse e eu me sentei com ela para estudar.

Em um dos problemas, minha irmã explicou a forma de calcular três vezes, mas eu não entendia. Teve um momento em que ela perdeu a paciência e falou:

—Ai, Arthur, não adianta, você não entende nada mesmo!

Então a mamãe veio até a sala e deu uma lição:

—Ana, uma das coisas mais bonitas que existem são pessoas que ajudam as outras por amor e com carinho. Se você fica aborrecida e trata mal seu irmão ao ajudá-lo, seu favor não tem nenhum valor!

Ana ficou envergonhada porque teve que reconhecer que quando ela estava aprendendo esse conteúdo, também teve dificuldades e o papai a ajudou bastante.

Minha irmã me pediu perdão e continuou me ajudando. No final, eu aprendi tudo!

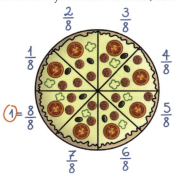

ORAÇÃO

Senhor, ensina-me a servir as pessoas com gentileza.

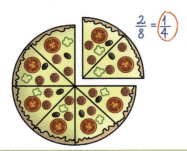

ATIVIDADE

1) Você tem paciência para ajudar outras pessoas?

2) Como você costuma ajudar em casa?

Dia 30

Bom exemplo

> ...eu, o Senhor e o Mestre, lavei os pés de vocês [...] dei o exemplo para que vocês façam o que eu fiz.
> —João 13:14,15

Hoje, na primeira aula, vi que o lápis de um amigo estava sem ponta. Peguei o lápis, apontei e devolvi.

O Sandro e o Ênio pediram para apontar os deles.

Quando me dei conta, estava apontando os lápis de todos.

Por um momento achei que estavam abusando da minha boa vontade, mas depois percebi que não custava nada fazer essa gentileza.

Quando a aula acabou, todos saíram correndo, mas o Sandro ficou e pegou todo o lixo que estava sobre as carteiras e colocou na lixeira, depois alinhou as carteiras.

Fiquei curioso:

—Por que está fazendo isso?

—Ué, você não fez um favor para todos os alunos hoje?

—Fiz.

—Achei tão legal o que fez, que resolvi ajudar alguém. Acho que as moças da limpeza ficarão felizes quando virem a sala arrumada.

Fiquei feliz em ser exemplo de bondade para alguém, e lembrei que aprendi isso com Jesus!

ORAÇÃO

Querido Jesus, estou feliz em ser um exemplo do Seu amor para meus amigos.

ATIVIDADE

1) Você já foi exemplo de bondade para alguém?

2) Como isso aconteceu?

Atitude certa no meio de coisa errada

Dia 31

> Mas o Senhor Deus aprovava o que Noé fazia.
> —Gênesis 6:8

Ana foi passar o dia na casa de uma colega para fazer um trabalho escolar e voltou de lá muito chateada. Mamãe perguntou o que estava acontecendo e ela explicou:

—Ah, mamãe, o dia foi horrível! As meninas ficaram falando mal de outra colega. Falaram que ela era feia, fedida, chata. Até de burra chamaram a menina!

—E o que você fez?

—No começo, eu disse que era chato falar coisas ruins sobre alguém que não está junto com a gente. Falei que o nome disso é fofoca.

—E aí?

—Elas riram de mim e me isolaram.

Nesse momento ela começou a chorar e disse:

—Me senti tão sozinha!

Mamãe a abraçou.

—Sinto muito por você ter passado um dia tão complicado, mas a boa notícia é que você não estava sozinha. O Espírito Santo estava com você o tempo todo, lhe dando graça para não cair na armadilha delas e ser maldosa com a outra.

Ana enxugou as lágrimas. Mamãe tinha razão.

ORAÇÃO

Querido Deus, ajude-me a fazer sempre a coisa certa mesmo quando os outros escolhem fazer o que é errado.

ATIVIDADE

1) O que você costuma fazer quando seus amigos falam mal dos outros?

2) Como se sente em saber que Deus não nos deixa sozinhos?

Dia 32

Sabedoria que vem do alto

> Mas o Espírito de Deus dava tanta sabedoria a Estêvão, que ele ganhava todas as discussões.
> —Atos 6:10

O professor de Educação Física chamou a mim e ao Sandro para montarmos duas equipes. Quem trouxesse mais gente, teria mais chances de vencer o desafio surpresa.

Sandro começou a gritar e ordenar, dizendo:

—Venham para minha equipe, sou o melhor líder!

Tinha certeza que ia perder a disputa. Não sou popular como ele.

Então lembrei que mamãe me ensinou que posso colocar qualquer situação da vida diante de Deus e aproveitei para pedir ao Espírito Santo que me desse uma estratégia.

Tive uma ideia!

Convidei cada aluno explicando o quanto era importante para a equipe. Sem ele nosso time não teria chances!

Ao se sentirem importantes, os alunos topavam participar do time.

Na hora de se apresentar, nossa equipe tinha quase vinte pessoas e o do Sandro apenas quatro.

Vencemos o desafio, que era um caça-tesouros bem difícil!

ORAÇÃO

Deus, ajude-me a ser sábio nos momentos importantes.

ATIVIDADE

1) Você pede sabedoria a Deus em momentos difíceis?

2) Descreva uma situação em que precisou ser sábio.

O tombo

Dia 33

...eles [...] tenham de reconhecer que vocês praticam boas ações, e assim louvem a Deus no dia da sua vinda.
—1 Pedro 2:12

Vinícius veio correndo como um maluco no recreio e não viu o André. Eles trombaram forte e caíram no chão. O Vinícius levantou normal, mas o André torceu o tornozelo e ficou no chão, rolando de dor.

O Vinícius não fez por mal, mas por causa dele o André vai passar quase um mês com a perna enfaixada, sem participar das aulas de Educação Física e sem jogar futebol.

Lembrei-me de uma coisa que o papai me ensinou. Ele disse que nossas atitudes muitas vezes atingem outras pessoas e é por isso que precisamos ser como Jesus. Ser como Jesus é o mesmo que ser bondoso, paciente e amigo.

Quando somos como Jesus, nós atingimos as pessoas de um jeito bom e aproveitamos para mostrar a elas o quanto Ele é especial!

Que tal sermos como Jesus?

ORAÇÃO

Jesus, ensine-me a ser como o Senhor para que as pessoas vejam Seu exemplo em mim.

ATIVIDADE

1) Você já teve alguma atitude que prejudicou outra pessoa?

2) O que você fez para mudar esse comportamento?

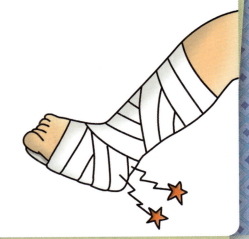

Dia 34

Bom lutador

> Portanto, não percam a coragem,
> pois ela traz uma grande recompensa.
> —Hebreus 10:35

Um menino, bem maior que eu, me intimidou na escola:

—Ei, você que é o bonzinho, que fala que é amigo de Jesus?

—Sou, sim.

—Então, pede para Ele *te* livrar hoje, porque na saída vou *te* dar uma surra. E saiu!

Minhas pernas tremiam.

Como sair dessa?

Se tentasse enfrentá-lo, levaria a maior surra da minha vida, mas se não enfrentasse, meus amigos me achariam um "covarde".

Pensei muito e procurei a diretora. Contei tudo para ela, que ligou para o meu pai.

Por ordem dela, o papai me acompanhou de dentro da sala de aula até o carro.

Saí em segurança da escola, mas estava triste. Não fui corajoso!

Então o papai me disse que eu fui corajoso sim, por ter feito a coisa certa, por não ter negado o meu amor a Jesus, mesmo que meus amigos rissem de mim.

Entendi que preciso de coragem para fazer o certo e para amar a Jesus.

ORAÇÃO

Deus, obrigado por me dar a coragem de confiar no Senhor e não desistir de nada.

ATIVIDADE

1) Você já sentiu medo de alguma situação?

2) O que você fez sobre isso?

Dia 35

A bondade de Ana

A luz brilha na escuridão para aqueles que são corretos, para aqueles que são bondosos, misericordiosos e honestos.
—Salmo 112:4

Já faz umas duas semanas que Ana pede para levar dois sanduíches para o recreio. Hoje, durante o recreio, vi que Ana não come os sanduíches, mas sim o lanche que a escola oferece, junto com uma amiga.

Quando estávamos indo embora, perguntei a ela o que acontecia com os sanduíches e por que ela tem comido o lanche que a escola oferece, que eu sei que ela não gosta muito.

Então Ana me contou que a família da sua amiga está vivendo uma situação financeira difícil e que ela deixa os dois sanduíches para a menina e sua irmã comerem depois da escola.

Puxa, eu não poderia imaginar!

Falei para a Ana contar a verdade para a mamãe e ela fez isso. A mamãe ficou emocionada com a atitude de Ana e disse que vai dar um jeito de ajudar melhor essa família. Falou, também, que a bondade de minha irmã é o melhor jeito de praticarmos o nosso cristianismo.

ORAÇÃO

Senhor, quero ser um exemplo de amor e me preocupar em ajudar as pessoas à minha volta.

ATIVIDADE

1) Que características uma pessoa bondosa deve ter?

2) Você se considera uma pessoa bondosa? Por quê?

Dia 36

Alertas para a volta de Jesus

> Daqui a pouco vocês não vão me ver mais; porém, pouco depois, vão me ver novamente.
> —João 16:16

Ana não dormiu a noite toda.

Na hora de ir para a escola, ela estava morrendo de sono.

Mamãe perguntou o que aconteceu e ela explicou:

—Ah, mamãe, ontem o pastor falou que Jesus vai voltar e ninguém sabe o dia e nem a hora e que devemos nos manter alertas. Então passei a noite toda alerta!

Mamãe ficou surpresa com a resposta e tratou de esclarecer:

—Filha, ficar alerta não é ficar acordado! Se você estiver salva, quando Jesus retornar para nos buscar, Ele vai levar até os que estiverem dormindo.

—Sério?

—Ahan. O pastor pediu para ficarmos alertas porque muitos esquecem dessa promessa no dia a dia e nós não podemos nos esquecer. Ao contrário, precisamos aproveitar o tempo e falar do amor de Deus para outras pessoas para que mais gente vá para o Céu conosco.

—Ufa! Ainda bem, porque eu não ia aguentar ficar mais um dia sem dormir!

ORAÇÃO

Jesus, quero aproveitar o tempo que falta para o Senhor voltar e falar do Seu amor aos meus amigos.

ATIVIDADE

1) Você está ansioso para a volta de Jesus?

2) Como você pensa que será esse momento?

Dia 37

Usando a bússola

> A tua palavra é lâmpada para guiar os meus passos,
> é luz que ilumina o meu caminho.
> —Salmo 119:105

Hoje a professora levou uma bússola para a aula. Nós nunca tínhamos visto uma bússola e foi o maior barato ver o ponteiro apontando sempre para o norte.

Nós tentamos enganar a bússola. Rodávamos com ela. Virávamos rapidamente de posição. Mas ela nunca errava. Apontava sempre para o lugar certo!

No caminho para casa, lembrei que uma vez o pastor disse que a Bíblia é a bússola do cristão. Na hora eu não entendi muito bem, mas agora que conheci a bússola, tudo fez sentido.

É assim, a Bíblia é o guia do cristão e ela nunca erra. Sempre que a gente quer saber o que fazer e como fazer na nossa vida, existe alguma passagem bíblica que nos ajuda a tomar essa decisão.

É por isso que o meu pai fala para ler a Bíblia todos os dias. Para eu aprender o que é certo e me sentir seguro todos os dias!

ORAÇÃO

Senhor, obrigado por deixar a Sua Palavra para entendermos como viver aqui na Terra.

ATIVIDADE

1) Quantas vezes por semana você lê sua Bíblia?

2) Qual foi a coisa mais importante que você aprendeu até agora?

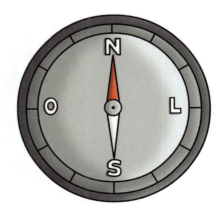

Dia 38

Não fui esquecido

> Nós pomos a nossa esperança em Deus, o Senhor;
> Ele é a nossa ajuda e o nosso escudo.
> —Salmo 33:20

Mamãe combinou de me buscar no final da aula de piano.

A aula acabou e ela não estava lá. Esperei 30 minutos e nada. Pedi para a professora ligar no celular, mas só deu caixa postal.

Comecei a ficar irritado! Não gosto de esperar.

Depois de uma hora, fiquei preocupado. Mamãe nunca se atrasa!

Já fazia quase duas horas que eu esperava, assustado, quando ela chegou.

—Filho, me desculpe! Fiquei presa no trânsito por conta de um acidente e a bateria do celular acabou, por isso não conseguia falar com ninguém!

Fiquei aliviado em saber que ela estava bem e, mais tarde, lembrei que uma vez o papai falou que muitos cristãos desanimam quando Deus demora para atender seu pedido ou oração, porque esperar é ruim. Mas o papai falou que nunca devemos perder a esperança, porque Deus sempre chega na hora certa!

ORAÇÃO

Senhor, eu nunca quero perder a esperança!

ATIVIDADE

1) Você já precisou esperar por alguém ou por alguma coisa?

2) Como você reagiu? Por quê?

Biscoitos de leite condensado

Dia 39

> E, quando um deles, que era samaritano, viu que estava curado, voltou louvando a Deus em voz alta.
> —Lucas 17:15

Mamãe preparou uns maravilhosos biscoitos de leite condensado. Mas ela fez tantos, que hoje tive a ideia de levar um pouco para dividir com meus amigos na escola.

Durante o intervalo, a notícia de que eu estava oferecendo biscoitos maravilhosos e de graça se espalhou rápido, e em menos de cinco minutos acabou tudo.

O engraçado é que só o Sandro veio me agradecer pelos biscoitos e mandou os parabéns para a mamãe.

Eu fiquei um pouco decepcionado com a falta de educação da galera.

Durante o almoço desabafei com meus pais e o papai me fez lembrar da história de Jesus, que curou dez leprosos e só um voltou para agradecer.

Ele me disse que se eu fizer o favor ou o bem para as pessoas, esperando que elas me agradeçam, vou ficar frustrado. O certo é fazer o bem porque aprendemos a ser assim com Jesus! E pronto!

ORAÇÃO

Senhor, não quero desistir de ser bom só porque as pessoas não me valorizam.

ATIVIDADE

1) Você fica chateado quando alguém que você ajuda não te agradece?

2) De que forma você demonstra gratidão?

Dia 40

O que é reputação?

> O bom nome vale mais do que muita riqueza...
> —Provérbios 22:1

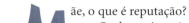

—Mãe, o que é reputação?
—Onde você ouviu isso?
—A professora falou para ter cuidado com um rapaz de má reputação que fica na saída do colégio.
—Olha, existe a pessoa que eu sou, a pessoa que acho que sou e a pessoa que os outros julgam que sou. Em minha opinião, sou uma mãe dedicada, discreta, sou amorosa, e, na verdade, sou uma mãe responsável. Entendeu?
—Sim. A Ana, por exemplo, é implicante, mas ela acha que é cuidadosa.
—Viu? Você a acha implicante, ela se acha cuidadosa e, na verdade, ela é organizada.
—Mas e a reputação?
—Reputação é aquilo que as pessoas julgam que somos. Quando muitas pessoas pensam a mesma coisa sobre alguém, aquilo se torna a reputação da pessoa, e pode ser uma coisa boa ou ruim. Mas lá na Bíblia, Deus nos orienta a nos preocuparmos em ter um bom testemunho, para conseguirmos boa reputação.

ORAÇÃO

Querido Jesus, quero ser um bom exemplo e ter uma boa reputação.

ATIVIDADE

1) Como é a sua reputação na escola?

2) Que qualidades alguém deve ter para dar um bom testemunho?

Esperança para tentar de novo

Dia 41

> O amor do Senhor Deus não se acaba, e a sua bondade não tem fim. Esse amor e essa bondade são novos todas as manhãs... —Lamentações 3:22,23

Tentei entender a matéria de matemática. Estudei bastante, mas fui mal na prova.

O papai perguntou por que eu estava triste e eu expliquei.

Eu esperava uma bronca, mas ele falou que seria injusto brigar comigo por algo que me esforcei para fazer. Ele me explicou que na vida todos enfrentamos dificuldades e que algumas nós superamos facilmente, mas outras são tão difíceis que tiram de nós a alegria e o ânimo. Nessas horas a gente desiste de tentar e esse é o erro.

Ele viu a matéria e me perguntou o que eu sabia. Enquanto conversávamos, ele percebeu o que não entendi e me explicou de um jeito diferente que fez tudo parecer bem mais fácil.

Com isso, entendi que o versículo que diz que "a bondade de Deus é nova toda manhã" significa que se não deu certo por um tempo, em algum momento dará. O segredo é ter esperança!

ORAÇÃO

Deus, obrigado pela esperança que tenho todos os dias por saber que o Senhor cuida de mim.

ATIVIDADE

1) Por qual motivo, você já perdeu a esperança?

2) Você se sente feliz em saber que a bondade de Deus traz esperança?

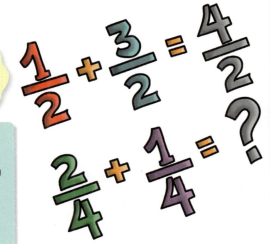

Dia 42

Sai daqui, ansiedade!

> ...O Senhor é o Deus Eterno, ele criou o mundo inteiro. Ele não se cansa, não fica fatigado...
> —Isaías 40:28

A quantidade de matéria que vai cair na prova de geografia é tão grande, que será difícil memorizar tudo. Sentei-me na mesa para estudar, mas não conseguia me concentrar.

Em menos de uma hora, fui ao banheiro duas vezes e levantei para pegar água umas três.

Mamãe percebeu minha agitação e perguntou:

—Arthur, você está preocupado?

—Ah, mãe, é muita matéria para uma prova só!

—Filho, se você ficar ansioso, não terá paz para se concentrar no estudo.

—Mas como vou ficar calmo?

—Arthur, nós já ensinamos você que quando alguma coisa é difícil para nós, pedimos que Deus nos ajude! Vou orar por você e pedir ao Senhor, que nunca se cansa, para lhe ajudar.

Ela orou e eu finalmente fiquei tranquilo e consegui estudar tudo o que precisava. Agora já não tenho medo da prova! Deus está sempre pronto para nos ajudar.

ORAÇÃO

Senhor, obrigado por me lembrar que Sua força e ajuda estão sempre disponíveis para mim.

ATIVIDADE

1) Você fica preocupado quando precisa fazer alguma coisa difícil?

2) Você costuma pedir a ajuda de Deus?

Reis não trabalham?

Dia 43

> Porque até o Filho do Homem não veio para ser servido, mas para servir e dar a sua vida para salvar muita gente.
> —Marcos 10:45

—Mãe, ainda existem reis e rainhas?
—Existem, sim. Lá na Inglaterra existe a Rainha Elizabeth, por exemplo.
—Eles não fazem nada, né? Só mandam!
—De onde você tirou essa ideia?
—Ah, a professora de história sempre fala as coisas que aconteceram "por ordem do rei". Nenhum rei trabalha?
—O maior de todos trabalhou muito!
—Quem?
—Pense um pouquinho e tente acertar.
—Hummm... O rei Jesus!
—Isso. A Bíblia diz que Ele veio para servir. Ele nos resgatou e ainda ensinou como deveríamos viver aqui na Terra para conquistar o Céu.
—Verdade! Jesus teve o maior trabalho. Mas Ele é mais especial, né? Os outros não são tão legais como Ele.
— Aí vou ter que concordar, viu?
E mamãe saiu rindo.

ORAÇÃO

Jesus, obrigado por tudo o que o Senhor fez aqui na Terra.

ATIVIDADE

1) Jesus trabalhou aqui e está trabalhando no Céu. Você sabe o que Ele está fazendo?

2) Você aprendeu a ajudar os outros como Jesus?

Dia 44

Assunto da redação

> Agradeçam a Deus, o Senhor, anunciem a sua grandeza e contem às nações as coisas que ele fez.
> —1 Crônicas 16:8

A professora me chamou até sua mesa e falou:

—Arthur, gosto muito das suas redações. São bonitas, bem escritas e criativas. Mas em todas elas você fala de Jesus. Até quando fala de futebol, você dá um jeito de falar sobre Ele. Por quê?

—Ah, professora, Jesus é o meu melhor amigo e Ele fez e faz coisas tão amorosas e especiais para mim e para minha família, que eu não consigo falar sobre nenhum assunto sem lembrar de como Ele sempre está presente, me ajudando, me orientando, me ensinando. E depois, meu pai me falou que quando acreditamos no amor de Jesus, é generoso da nossa parte contar para todas as pessoas, porque não devemos espalhar só notícia ruim. As coisas boas também precisam ser compartilhadas.

—Tudo bem. Você me convenceu. Pode continuar falando sobre seu Amigo nas redações.

ORAÇÃO

Deus, agradeço por todas as oportunidades que tenho de falar do Seu amor.

ATIVIDADE

1) Você fala bastante sobre o amor de Deus?

2) Qual foi a situação mais engraçada em que você falou dele?

Controlando as palavras

Dia 45

> ...se você é sábio, controle a sua língua...
> —Provérbios 10:19

Papai e mamãe sempre nos aconselham, mas hoje foi diferente.

Quando saímos da escola, Ana estava furiosa. Entrou no carro reclamando muito de umas meninas da sala que ignoram os outros alunos. Elas excluíram Ana de um trabalho em equipe e ela ficou muito chateada.

Durante todo o caminho até em casa e até na hora do almoço ela falou, falou, falou... Mas mamãe não disse uma palavra.

Perguntei por que não aconselhou Ana e ela explicou que, às vezes, quem está bravo ou triste precisa de ouvidos e não de palavras. Ana precisava desabafar e mamãe se dispôs a escutá-la!

—Mas e se ela falar bobagem para as meninas amanhã?

—Ela sabe que não deve falar quando está brava. É por isso que eu a ouvi, para que ela se acalme e não se arrependa de falar bobagem amanhã. A Bíblia diz que o sábio controla a própria língua.

ORAÇÃO

Querido Deus, ajude-me a controlar as palavras para não ferir as pessoas.

ATIVIDADE

1) Quando você está chateado, prefere ficar em silêncio ou discutir?

2) Por que devemos evitar falar quando estamos bravos ou magoados?

Dia 46

Um novo esporte

> ...Os que têm saúde não precisam de médico, mas sim os doentes.
> —Lucas 5:31

Hoje, na aula de Educação Física, o professor resolveu treinar voleibol. Foi uma novidade, porque só jogamos futebol e handebol.

O Maurício é o "perna de pau" da turma e sempre é o último a ser escolhido. Na hora de formar os times, ele sobrou para o nosso time.

Ele é tão ruim nos esportes, que tínhamos certeza que iríamos perder.

Mas para nossa surpresa, no vôlei ele é o melhor! Seu saque "viagem ao fundo do mar" era mortal e ninguém defendia as cortadas dele.

Ganhamos todos os jogos e o Maurício virou o rei do vôlei.

Quando contei para o papai, ele me disse que muitas pessoas se sentem desimportantes e acreditam que não servem para nada. Mas quando Jesus chega como novidade de vida, a história dessas pessoas muda e elas encontram razão para ser felizes e úteis. Ele sara as pessoas como o remédio sara um doente.

ORAÇÃO

Querido Jesus, obrigado por dar alegria e vontade de viver para todos.

ATIVIDADE

1) Você já se sentiu sem importância para alguém?

2) Como você costuma valorizar as pessoas?

A marca do discípulo de Jesus

Dia 47

> Se tiverem amor uns pelos outros, todos saberão que vocês são meus discípulos.
> —João 13:35

Guilherme é o garoto mais irritante da sala.

Hoje contei para o papai:

—Sabe, pai, tem um menino na minha turma que ninguém gosta. Nem eu. O Guilherme.

—E por que você não gosta dele?

—Ele acha que é o mais legal, o mais inteligente, o mais rico, o mais bonito, o mais moderno. Em tudo ele quer ser melhor que todo mundo.

—Os outros meninos da turma sabem que você não gosta dele?

—Ahan.

—E eles também sabem que você é um seguidor de Jesus?

—Claro que sabem!

—E ninguém nunca achou que você era mentiroso?!

—Ué, papai, por quê?

—Porque a maior marca da presença de Jesus na vida de alguém é o fato de essa pessoa amar todas as outras a sua volta.

—Mas não gosto das coisas que ele faz!

—Você não precisa concordar com ele, mas, como Jesus, deve amá-lo e desejar a felicidade dele.

—Pai, isso não é fácil, mas vou me esforçar para gostar dele!

ORAÇÃO

Querido Deus, ajude-me a entender que devo amar as pessoas, mesmo que não concorde com o jeito delas.

ATIVIDADE

1) Qual a diferença entre amar e concordar com o que a pessoa faz?

2) Quando amamos ao próximo, somos reconhecidos como discípulos de quem?

Dia 48

Fiel protetor

Mas tu, ó Senhor, estás comigo e és forte e poderoso...
—Jeremias 20:11

Hoje o professor de Educação Física nos apresentou o futebol americano. Para falar a verdade, não achei tão legal quanto o nosso futebol. Eles jogam com as mãos!

Mas uma coisa chamou minha atenção. Enquanto um jogador corre com a bola, os outros criam verdadeiras barreiras humanas para protegê-lo e impedir que os jogadores do time adversário o alcancem.

Quando expliquei ao vovô como funciona esse jogo, ele me perguntou:

—Se fôssemos pensar na nossa vida, o que poderíamos comparar a essa situação?

Eu entendi rápido e respondi:

—Então, vovô, Deus é o nosso protetor. Enquanto estamos aqui na Terra, Ele se lança como uma barreira contra o inimigo da nossa vida para impedir que ele nos machuque e desistamos do que precisamos fazer.

—Viu só? Andar com Deus é uma ótima jogada!

ORAÇÃO

Querido Deus, obrigado por ser o meu protetor!

ATIVIDADE

1) Você se sente protegido por Deus?

2) Escreva sobre uma situação em que Deus o protegeu.

O que você espera?

Dia 49

Esperei com paciência pela ajuda de Deus, o Senhor...
—Salmo 40:1

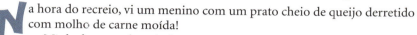

Na hora do recreio, vi um menino com um prato cheio de queijo derretido com molho de carne moída!

Minha boca encheu de água. Fui me servir.

Quando dei a primeira colherada, não era queijo e sim, polenta mole.

Não conhecia polenta mole e não gostei do sabor, mas comi tudo. Na minha frente sentou um menino que também não tinha o hábito de comer polenta, só que ele gostou.

Papai disse que nossas reações foram diferentes porque criamos expectativas diferentes. Eu queria queijo e só tinha polenta, o menino só queria comer e não reclamou do que recebeu.

Ele aproveitou para dizer que existem pessoas tristes no mundo porque acham que aqui só teremos diversão, mas é importante pensar nas coisas difíceis e frustrantes da vida como oportunidades para a gente melhorar como ser humano. Jesus confiou em Deus todo o tempo e nos deixou Seu exemplo.

ORAÇÃO

Querido Deus, ajude-me a confiar sempre no Senhor e a seguir o exemplo de Jesus.

ATIVIDADE

1) Você se decepciona quando não recebe o que espera?

2) Como você reage quando as coisas não acontecem como esperava?

Dia 50

A lição do bambolê

> Não nos cansemos de fazer o bem...
> —Gálatas 6:9

Na hora do recreio, algumas meninas brincavam de rodar o bambolê na cintura. Parecia fácil, e tivemos a ideia de competir entre os meninos.

O resultado foi desastroso. Ninguém conseguiu equilibrar aquele negócio.

A estratégia foi tentar rodá-lo rápido e com força, mas nosso professor de Educação Física explicou que o segredo é o jeito de fazer o movimento.

Quando contamos aos nossos pais o episódio do dia, mamãe comentou que já foi campeã de bambolê e lembrou que cada pessoa tem um tempo e um jeito de brincar com ele.

Ela disse que é como na igreja, cada um faz aquilo que consegue, mas quando alguém tenta fazer mais do que suporta ou imitar o jeito do outro, então essa pessoa ainda não aprendeu o que é necessário para servir a Deus, mas apenas cumpre muitas tarefas e se cansa.

O Senhor prefere contar com o jeito e o tempo de cada pessoa.

ORAÇÃO

Senhor, quero me lembrar de fazer as coisas para o Seu reino, mas do jeito que eu consigo.

ATIVIDADE

1) Por que devemos fazer para Deus aquilo que conseguimos e sabemos?

2) Por qual motivo Deus não se agradaria de alguém que trabalha para Ele?

Dia 51

Um amigo genuíno

> O Senhor Deus é amigo daqueles que o temem...
> —Salmo 25:14

Hoje o Yuri veio aqui em casa me ajudar com uma matéria de matemática. Ele entendeu muito bem tudo o que a professora explicou, mas eu estou com dificuldade.

Então, ao invés de dormir até mais tarde, já que hoje é sábado, ele resolveu me dar uma ajudinha. Isso foi muito importante, porque graças ao esforço dele, eu finalmente entendi a matéria.

Por causa do seu esforço, pude perceber que o Yuri é um amigo muito leal. Fiquei feliz em tê-lo como amigo. Eu posso contar com a companhia e com a ajuda dele sempre que precisar.

Foi com Jesus que aprendi a importância de ter amigos. Na vida temos problemas e precisamos de ajuda. Às vezes precisamos ajudar. Amigos são aquelas pessoas com quem podemos contar em todos os momentos, nos bons e nos ruins. Jesus é o melhor amigo que existe porque Ele foi capaz de doar a própria vida por nós!

ORAÇÃO

Senhor, obrigado por Sua amizade que me salvou!

ATIVIDADE

1) Quem é o seu melhor amigo aqui na Terra?

2) Por que acreditamos que Jesus é o nosso melhor amigo?

Dia 52

Acusação injusta

> Não deixem que o mal vença vocês,
> mas vençam o mal com o bem.
> —Romanos 12:21

Otávio, o menino mais quieto da turma, disse que me considero superior aos outros colegas da sala.

—Por que você está dizendo isso?

—Acontece que você não faz nada errado, é gentil com as pessoas e só tira boas notas. Todos acham você legal, mas eu acho você um metido!

Fiquei com raiva dele, mas me lembrei que Jesus amava até Seus inimigos. Mesmo assim, eu precisava responder:

—Otávio, você não está sendo justo. Não me sinto melhor que os outros, até porque, eu estou sempre junto com eles. Participo dos grupos de trabalho, do time de futebol, das brincadeiras, vou às festas de aniversário que me chamam. Eu nunca me isolei dos meus amigos!

Ele percebeu que estava errado e pediu desculpas. Eu o desculpei e o chamei para se juntar ao nosso grupo, afinal, Jesus também faria de tudo para conquistá-lo!

ORAÇÃO

Senhor, quero demonstrar Seu amor para as pessoas, mesmo que me julguem injustamente.

ATIVIDADE

1) Você já foi criticado por ser amoroso como Jesus?

2) Qual foi a sua reação?

Siga este conselho

Dia 53

> Aconselhe que não falem mal de ninguém, mas que sejam calmos e pacíficos e tratem todos com educação.
> —Tito 3:2

Lá no colégio, duas meninas discutiram e tentaram jogar o restante da turma uma contra a outra.

O clima ficou chato durante a aula antes do recreio. Mas depois ficou pior!

Lá na Bíblia, tem um livro com um nome que parece apelido: "Tito", que nos aconselha a não falar mal uns dos outros e a tratar a todos com bondade e educação.

Sabe, tem horas que isso parece chato, mas quando eu percebi meus colegas ficando bravos sem motivos, pude entender que Deus tem razão em tudo o que nos aconselha. Eu aproveitei para dar esse toque para elas e quase no fim da aula, elas finalmente fizeram as pazes e todos voltaram a conversar entre si. Deu para perceber o alívio no rosto do pessoal e fiquei feliz por tê-las aconselhado, afinal, a turma nem sabe que existe um livro chamado "Tito" na Bíblia. Você sabia?

ORAÇÃO

Senhor, quero ser Sua testemunha para pessoas que não têm a oportunidade de conhecê-lo através da Bíblia.

ATIVIDADE

1) Qual é a maneira certa de tratarmos os outros?

2) Quem nos deu essa orientação?

Dia 54

Sentimento de culpa

> Eu, teu servo, não mereço toda a bondade
> e fidelidade com que me tens tratado...
> —Gênesis 32:10

Hoje cometi uma sequência de erros e desobedeci. Logo de manhãzinha, não arrumei minha cama, como combinado, e ainda fui para a escola sem terminar a tarefa.

Para me livrar da advertência, menti, dizendo à professora que passei muito mal a noite toda.

Durante a volta para casa, fui grosseiro com Ana ao entrar no carro.

No meio da tarde, mamãe veio conversar comigo sobre o tratamento com Ana e o quarto que não arrumei. Prometi que não farei mais; ela concordou, mas me disciplinou.

Na hora da oração, me senti tão culpado que não tive coragem de falar com Deus.

Papai então explicou que, quando reconhecemos que somos pecadores, vamos até a presença do Senhor contando com o amor e a misericórdia dele e não por merecermos alguma coisa. Deus é que tem um coração muito grande, por isso nos perdoa e nos abençoa.

ORAÇÃO

Deus, eu agradeço porque o Senhor me ama e é bondoso comigo, que sou pecador.

ATIVIDADE

1) Mesmo sendo pecadores, podemos falar com Deus. Por quê?

2) Por que Deus nos ama, mesmo sendo pecadores?

O rabo da lagartixa

Dia 55

> Eu te louvo porque deves ser temido.
> Tudo o que fazes é maravilhoso, e eu sei disso muito bem.
> —Salmo 139:14

Hoje na escola, um amigo me garantiu que, quando o rabo de uma lagartixa é cortado, um novo rabo cresce no lugar. Eu tinha certeza de que era pegadinha, mas a professora confirmou que a lagartixa tem a capacidade de recompor parte do seu corpo.

Então pensei: "Por que Deus não fez o ser humano assim também? Já pensou, a pessoa perde um braço e aí vai lá e cresce outro?".

Perguntei isso para o papai e ele me explicou que, apesar de ser incrível ver a recomposição de parte da lagartixa, o ser humano foi a única criação que Deus fez à Sua imagem e semelhança. Nós somos os únicos seres capazes de pensar. Também somos os únicos que podem ter amizade com Ele e vamos viver com Ele para sempre.

—E aí, o que você acha melhor, poder repor um pedaço do corpo ou ser amigo de Deus?

—É, papai, ser amigo de Deus é muito melhor.

ORAÇÃO

Deus, sou agradecido por todas maravilhas que o Senhor criou, principalmente nós, os seres humanos.

ATIVIDADE

1) Por que nós, humanos, somos a criação mais importante de Deus?

2) Qual é a criação de Deus que você acha mais interessante?

Dia 56

A imagem final

> Olhem para o céu e vejam as estrelas.
> Quem foi que as criou?
> —Isaías 40:26

No telejornal da noite, vi a história de uma menina que foi espancada por outras alunas da escola, que filmaram tudo e colocaram o vídeo nas redes sociais.

A garota está no hospital!

—Mãe, de que adianta nós sermos bons e tentarmos convidar os outros a serem bons, se as pessoas são tão ruins e esse tipo de coisa acontece cada vez mais? Não adianta nada sermos bondosos!

—Filho, se uma estrela olhasse solitária para a Terra, ficaria desanimada pensando que é pequena demais e não pode iluminar a noite, mas por saber que Deus criou outras milhões como ela, ela fica ali, tornando a noite mais brilhante! Conosco é a mesma coisa. Deus está chamando pessoas para a bondade e juntos somos mais fortes que a maldade de uns e outros que estão nas manchetes dos jornais.

—Então, temos que brilhar mais e mais por Jesus, né?

—Sim! Lembre-se do exemplo que Ele nos deixou.

ORAÇÃO

Deus, estou disposto a contribuir para que haja mais bondade no mundo. Ajude-me nessa tarefa!

ATIVIDADE

1) Por que devemos ser bons, mesmo onde existem muitas pessoas ruins?

2) Que exemplo a Estrela maior — Jesus — deixou para nós?

Capa de chuva

Dia 57

> O Senhor é bom para todos os que confiam nele.
> —Lamentações 3:25

Caía uma tempestade e precisávamos ir para o colégio. Ana e eu temos capa de chuva, mas são de marcas diferentes. A de Ana protege muito bem, mas a minha é mal costurada e sempre entra água. Com a chuva que caía, dificilmente eu chegaria na escola sem me molhar.

Pensando nisso, mamãe me disse para colocar a capa, mas que junto usasse um guarda-chuva.

Foi assim que consegui chegar à escola sem problemas.

Ao voltar para casa, disse para a mamãe:

—Queria ter uma capa dessas que lembra Deus!

—Como assim?

—É que a capa de Ana é tão forte e boa, que mesmo a chuva mais forte não consegue atingi-la. Até a senhora tem confiança em deixá-la usar somente a capa. E Deus é assim também nas situações difíceis, Ele é uma proteção que não falha.

Mamãe concordou e disse que vai procurar uma capa de chuva melhor para mim.

ORAÇÃO

Jesus, obrigado por nos proteger em situações perigosas ou difíceis.

ATIVIDADE

1) Quem tem poder para nos proteger em qualquer situação?

2) Por que o Arthur acha que a capa de chuva boa lembra Deus?

Dia 58

Cabo de guerra

> Não deixem de fazer o bem e de ajudar uns aos outros...
> —Hebreus 13:16

Durante a aula de educação física, o professor dividiu a turma em dois grupos e disputamos um cabo de guerra. Na nossa equipe, um dos meninos sugeriu que cada um passasse a mão por dentro do braço do outro e isso, disse ele, nos deixaria mais fortes. Ele também intercalou pessoas mais altas e fortes entre os alunos menores e com braços mais finos.

Ficamos mais próximos e distribuímos a força melhor ao longo da corda.

Dito e feito! Ganhamos a disputa.

Quando contei nossa estratégia ao papai, ele me fez lembrar de um texto da Bíblia que incentiva a ajuda e a parceria entre pessoas: "Não deixem de fazer o bem e de ajudar uns aos outros".

É muito legal ver, na prática, como são verdadeiros e bons os conselhos e orientações que Deus nos deixou na Sua Palavra, a Bíblia!

ORAÇÃO

Senhor, obrigado por nos aconselhar e nos ensinar a ajudar uns aos outros.

ATIVIDADE

1) Por que o time do Arthur venceu o cabo de guerra?

2) De que maneira podemos ajudar uns aos outros?

Você pode ajudar?

Dia 59

> Portanto, a fé é assim:
> se não vier acompanhada de ações, é coisa morta.
> —Tiago 2:17

Uma menina da escola precisa fazer um tratamento de saúde bem caro. O pessoal da escola conseguiu uma doação de bombons e nós ficamos responsáveis pela venda. O dinheiro arrecadado vai ajudar a pagar o tratamento dela.

Alguns amigos e eu oferecemos os bombons aos moradores da nossa rua.

Em uma das casas, o senhor que nos atendeu disse que não come bombons e não quis comprar, mas disse que vai orar pela menina.

Fiquei desapontado com a atitude dele e contei ao papai, que me disse:

—Arthur, algumas pessoas falam coisas bonitas, mas não tem atitudes bonitas. Isso não adianta nada. Pessoas de fé e amor tomam atitudes que revelam essa fé e esse amor. Se esse homem realmente acreditasse na bondade, ele compraria a caixa de bombom para ajudar nessa causa. A Bíblia diz que a fé vem acompanhada de boas ações, senão, ela não vale nada.

ORAÇÃO

Senhor, que eu me lembre de ser bondoso e generoso em minhas ações.

ATIVIDADE

1) Adianta alguma coisa falar que tem fé e não ter atitudes de bondade?

2) Segundo a Bíblia, a verdadeira fé vem acompanhada de _____ .

Dia 60

De que lado você está?

> ...como é bom estar perto de Deus!...
> —Salmo 73:28

O Ênio e o Sandro entraram numa discussão sobre qual é a melhor aula de Educação Física. Ênio tem certeza que são as aulas de futebol, mas Sandro insiste que as aulas de vôlei são mais legais.

A galera da sala se dividiu. Gosto dos dois esportes, mas o futebol é o meu preferido. Concordei com o Ênio.

A discussão ficou séria e teve quem quisesse brigar. O professor acabou com a briga, dizendo que o importante era que todos pudéssemos praticar os dois esportes.

Quando contei em casa o acontecido, mamãe disse:

—Arthur, ainda bem que o professor interrompeu a discussão. Na vida, o importante é nos preocuparmos se estamos do lado de Deus. Ao lado dele, temos a certeza de que estamos do lado certo. Não arrume briga por coisa sem importância, mas lembre-se de que é importante nos posicionarmos do jeito que Deus espera de nós!

ORAÇÃO

Senhor, quero sempre escolher estar do Seu lado.

ATIVIDADE

1) Você já escolheu o lado errado em alguma situação? Qual?

2) Por que devemos sempre estar do lado de Deus?

Chamado pelo nome

Dia 61

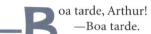
...O Senhor conhece as pessoas que são dele...
—2 Timóteo 2:19

—**B**oa tarde, Arthur!
—Boa tarde.
Não acreditei! A diretora do colégio sabe o meu nome!
—A senhora sabe o meu nome?
—Na verdade, eu sei o nome de todos os alunos. E o seu foi um dos primeiros que aprendi. Os professores falaram muito bem de você, já que logo no começo do ano ajudou um dos meninos novos a se integrar no colégio.
Achei tão legal, que comentei com a mamãe que a diretora do colégio sabe quem eu sou.
—Que bacana, Arthur! É muito bom sabermos que somos conhecidos por alguém, ainda mais alguém importante. Essa é minha alegria também diante de Deus. Imagine que, mesmo no meio de milhões de pessoas, Ele me conhece, sabe quantos anos eu tenho, que você e a Ana são meus filhos amados e muito mais. E o desejo dele é que eu o conheça tão bem assim também, lendo a Sua palavra.
—Legal, mamãe!

ORAÇÃO

Senhor, eu agradeço por me conhecer tão bem e quero conhecê-lo cada vez mais.

ATIVIDADE

1) Você já foi reconhecido por alguém que você não sabia que te conhecia?

2) Por que devemos buscar conhecer nosso Deus cada vez mais?

Dia 62

A lição das estrelas

> Olhem para o céu e vejam as estrelas. Quem foi que as criou? (...) (Deus) sabe quantas são e chama cada uma pelo seu nome... —Isaías 40:26

Hoje estava contando para as crianças da minha igreja sobre uma atividade especial no planetário, que tivemos com a escola.

—Foi tão legal, de repente ficou tudo escuro e o teto se encheu de estrelas, e parecia que estávamos no espaço vendo os planetas, as estrelas brilhantes.

—Uau, que incrível!

A Mariana suspirou e disse:

—Nunca fui no planetário, mas acho o céu estrelado tão lindo!

A professora da Escola Dominical ouviu a gente conversando e falou:

—Pois é, crianças, esse céu cheio de estrelas e planetas tão grandes só provam a maravilhosa criação do nosso Deus. Já que estamos falando do céu e de estrelas, vamos ler sobre isso.

Ela abriu a Bíblia e começou a ler o versículo. Depois falou para nós:

—Vocês já viram quantas estrelas temos no céu? Não podemos contá-las! Mas Deus sabe quantas são e a Sua Palavra diz que Ele conhece cada uma delas. E Ele conhece cada um de nós também. E por isso podemos confiar nele e em Seu amor por nós, que é grande, maior que o Universo e que o número das estrelas.

Todos ficamos surpresos com o tamanho do amor de Deus!

ORAÇÃO

Querido Deus, obrigado porque o Seu amor por nós é grande, maior do que tudo.

ATIVIDADE

1) Por que temos a certeza que Deus conhece e controla todas as coisas?

2) Quando podemos confiar em Deus?

Ele não gosta de mim

Dia 63

> Por acaso procuro eu a aprovação das pessoas? Não! O que eu quero é a aprovação de Deus.
> —Gálatas 1:10

Hoje é a festa de aniversário do Léo, um menino bem encrenqueiro lá da escola. Toda a minha turma foi convidada, menos eu.

Perguntei ao Ênio se ele sabia o motivo de eu não ser convidado e ele me disse, meio sem graça, que o Léo não gosta de mim.

Achei estranho! Nunca fiz nada para ele.

Então, o Ênio me explicou que o fato de eu procurar fazer as coisas da maneira correta incomoda o Léo.

Entrei triste em casa e falei para a mamãe:

—Sabe, mãe, não é fácil ser alguém que escolhe o que é certo. A senhora acredita que um menino da escola não me convidou para a festa de aniversário dele só porque ele acha que eu sou muito "certinho"?

—Arthur, alegre-se! O seu comportamento demonstra a presença de Jesus em sua vida. Mesmo que nem todas as pessoas gostem, Jesus está muito feliz com você por fazer o que é certo!

ORAÇÃO

Querido Deus, ajude-me a seguir Suas orientações e a fazer o que é certo.

ATIVIDADE

1) Seu comportamento demonstra o amor de Jesus por onde você passa?

2) Explique uma maneira de ser parecido com Jesus.

Dia 64

E se Deus ficar bravo comigo?

> ...Eu tenho compaixão e misericórdia, não fico irado com facilidade, e a minha fidelidade e o meu amor (...) não podem ser medidos. —Êxodo 34:6

Ana perguntou a papai:

—Pai, conhece mitologia grega?

—Claro, são histórias cheias de fantasias e deuses. Por quê?

—Estou lendo um livro que fala disso e vi que esses deuses até fulminam as pessoas! Então, Deus pode perder a paciência com a gente também, não é? Estou com medo.

—Que é isso, filha? Veja, o nosso Deus é a manifestação do amor. Ele não castiga por impulso. Ele nos ama, e a Bíblia diz que Ele é misericordioso. Você sabe o que é misericórdia?

—Não entendo isso muito bem!

—Imagine que você tira uma nota baixa por relaxo na escola. Qual é o nosso combinado?

—Que serei punida, como por exemplo: ficar sem o celular.

—E se, apesar de você merecer, eu suspender o castigo e lhe der outra chance, aí serei "misericordioso". Ao invés da punição, eu lhe dou o perdão. Entendeu?

—Ah, agora entendi o que é misericórdia.

ORAÇÃO

Deus, muito obrigado por ser paciente e misericordioso com a gente.

ATIVIDADE

1) Você já teve medo de Deus?

2) Explique com suas palavras o que é "misericórdia".

A loira fantasma

Dia 65

> As palavras bondosas são como o mel:
> doces para o paladar e boas para a saúde.
> —Provérbios 16:24

Cheguei gargalhando em casa. Contei ao papai e à mamãe que hoje o Jeferson apavorou a galera da escola. Ele disse que na noite passada a "loira do banheiro", um fantasma, estava na casa dele e havia lhe dado o maior susto.

Eu duvidei, mas o Jeferson garantiu que ela vai visitar todos os meninos da sala. O resto da turma se pelou de medo!

O papai contou que fizeram isso com ele quando era criança e disse que eu não deveria achar graça nem apoiar esse tipo de coisa.

—Sabe, Arthur, meninos fazem traquinagens. É normal! Mas você queria estar apavorado hoje e não conseguir dormir? Precisamos usar as palavras para encorajar, acalmar e ajudar as pessoas, não para lhes fazer mal.

—Verdade, né, pai? O Jeferson bem que podia ter dito que era só uma brincadeira.

—Exatamente, filho.

ORAÇÃO

Senhor Jesus, ajude-me a ser uma criança que fala coisas boas e ajuda as pessoas a serem melhores.

ATIVIDADE

1) As palavras de alguém já assustaram você?

2) Como você pode ajudar outras pessoas com palavras?

Dia 66

Conhecendo o Jônatas da Bíblia

> Eu o abençoarei (...) e você será uma bênção para os outros.
> —Gênesis 12:2

Estamos em semana de provas. Que ansiedade! Será que vou conseguir tirar notas boas?

No caminho para escola, para me acalmar, papai me contou uma parte da história do rei Davi que eu não conhecia. Ele disse que o rei Saul, quando soube que Davi havia sido ungido o próximo rei, ficou muito bravo e quis matá-lo. Mas, aí, o Saul tinha um filho chamado Jônatas, que, por ser muito obediente a Deus, logo percebeu que o plano de Deus era colocar Davi no trono.

Ao invés de ficar com raiva porque ia perder a chance de ser rei, o Jônatas se tornou o melhor amigo do Davi e o ajudou em muitos momentos.

O papai disse que o Jônatas foi sábio, porque aceitou a vontade de Deus para sua vida.

Papai me disse para eu seguir o exemplo de Jônatas: buscar sempre a vontade de Deus e ser uma bênção na escola e em qualquer lugar que eu estiver.

ORAÇÃO

Senhor Jesus, que eu seja uma bênção na escola, vivendo a Sua vontade! Amém!

ATIVIDADE

1) Como você se comporta na escola, longe dos seus pais?

2) Seus amigos veem a presença de Jesus no seu comportamento? Por quê?

Ser o melhor de todos!

Dia 67

> O orgulho leva a pessoa à destruição,
> e a vaidade faz cair na desgraça.
> —Provérbios 16:18

Ana e sua amiga Bebel entraram em casa irritadas depois da escola.

—O que aconteceu?

—Mãe, a Flora se acha!

—"Se acha", como assim?

—Ah, tia, — disse Bebel, ela pensa que tudo o que ela tem é melhor... os brinquedos, as roupas, o colégio, o cabelo... até os olhos ela acha que são mais bonitos do que os nossos.

Mamãe ouviu tudo e em seguida disse:

—Sabe, meninas, um dos maiores erros das pessoas é o orgulho. Quando são orgulhosas, acreditam que tudo o que são ou possuem é melhor do que os outros. Mas não é isso que Jesus nos ensina, muito pelo contrário. A vida dele nos mostra como é importante sermos humildes. Por isso, Ele nos faz este convite: "...aprendam comigo porque sou bondoso e tenho um coração humilde..." (Mateus 11:29). Quando aprendemos de Jesus, podemos ver com clareza as situações e jamais caímos nas armadilhas do orgulho.

—Sério, tia? Quero aprender de Jesus e não ser orgulhosa! — disse Bebel.

ORAÇÃO

Senhor Jesus, ensine-me a seguir o Seu exemplo de humildade.

ATIVIDADE

1) Você se considera mais importante ou melhor que outras crianças?

2) Que atitudes podemos esperar de uma pessoa verdadeiramente humilde?

Dia 68

Amigos improváveis

> Lobos e ovelhas viverão em paz,
> leopardos e cabritinhos descansarão juntos...
> —Isaías 11:6

Fui com o papai até a panificadora. O Léo, aquele menino que não gosta de mim, estava lá com o pai dele. De repente, os dois adultos se abraçaram. Nossos pais foram grandes amigos na infância!

Que coisa! O que eu ia fazer naquela situação?

Então, o Léo me chamou:

—Arthur, quero pedir desculpas por não ter convidado você para o meu aniversário.

Tive vontade de brigar, mas papai ficaria triste, então apenas disse:

—Tudo bem, Léo, já passou.

—Sei que você ficou triste. Somos diferentes e pensei que não poderíamos ser amigos. Você me desculpa?

Eu queria socar o Léo, mas aí lembrei que, no dia do aniversário dele, eu estava triste e orei. Pedi a Deus para resolver esse meu problema. E era bem isso que estava acontecendo. Deus ouviu minha oração!

Então, abracei o Léo e disse:

—Claro! Podemos ser amigos, como nossos pais. Deus nos ajudará!

ORAÇÃO

Querido Deus, ajude-me a construir uma relação de amizade que eu achava ser impossível.

ATIVIDADE

1) Tem alguém que não gosta de você na sua escola ou entre os seus vizinhos? Por qual motivo?

2) Que tal começar a orar para Deus mudar essa situação?

Generosos e abençoados

Dia 69

> ...tragam todos os seus dízimos aos depósitos do Templo...
> —Malaquias 3:10

Na hora do recreio, o Cícero pegou uma caixa de bombons enorme que estava na bolsa. Imediatamente todos fizeram uma roda a sua volta, pedindo um bombom. Ele ficou com dó de dividir com a turma e sabe o que ele fez? Escondeu-se num canto onde ninguém o via.

E ele comeu sozinho todo o chocolate!

Quase no final da aula, ele passou mal e correu para o banheiro.

Minha mãe já explicou que as pessoas generosas, que dividem o que tem com os outros, são as mais abençoadas. O Cícero teve uma dor de barriga porque exagerou na quantidade de chocolate. Se tivesse dividido, mais pessoas ficariam felizes, e ele estaria bem.

É por isso que papai e mamãe sempre ofertam com alegria lá na igreja, porque os valores abençoam pessoas, instituições e mantêm o templo. Deus fica feliz e nossa família sempre é muito abençoada.

ORAÇÃO

Amado Deus, ensine-me a ser generoso com as pessoas a minha volta.

ATIVIDADE

1) O que você menos gosta de dividir?

2) Já ficou com vontade de comer algo que a outra pessoa não dividiu com você? O quê?

Dia 70

Conversando com Deus o dia todo

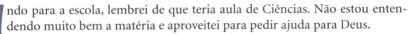

Orem sempre...
—1 Tessalonicenses 5:17

Indo para a escola, lembrei de que teria aula de Ciências. Não estou entendendo muito bem a matéria e aproveitei para pedir ajuda para Deus.

Ele me ajudou, e hoje a aula foi mais fácil entender.

Na volta para casa, aproveitei para agradecer a ajuda que Ele me deu.

Na hora do almoço, agradeci pela refeição.

Durante a tarde, ensaiei uma música que fala de oração. Quando percebi, estava falando para Deus como andam as coisas.

Enquanto lia a Bíblia, pouco antes do papai chegar, encontrei um versículo que fala para nunca deixarmos de orar. Mas como, se temos tantas coisas para fazer?

Bom, conversei com o papai, e ele me fez entender que existem várias maneiras de falar com Deus e que hoje eu usei algumas delas. Ou seja, eu não deixei de orar em nenhum momento.

Puxa, foi incrível passar o dia inteirinho conversando com Deus!

ORAÇÃO

Deus, é bom saber que posso conversar com o Senhor mesmo quando estou fazendo outras coisas.

ATIVIDADE

1) Você ora todos os dias? Por quê?

2) De que maneira é a sua oração?

Dia 71

Brigar *pra quê?*

> No que depender de vocês, façam todo o possível para viver em paz com todas as pessoas.
> —Romanos 12:18

Logo no primeiro dia de aula, toda a turma escolhe uma carteira e senta no mesmo lugar todos os dias. Mas hoje, quando cheguei, outro aluno ocupava o meu lugar.

Sentei em outra carteira.

Os outros alunos ficaram incomodados e vieram conversar comigo.

—Você viu que folgado esse aluno novo?

—Só porque ele sentou no meu lugar?

—Você acha pouco?

—Gente, é só um lugar, não precisamos brigar por causa disso.

—Ah, Arthur, você é um "banana"!

—Não sou "banana". Só não quero brigar por causa de uma carteira.

No intervalo, o Mauro veio falar comigo. Ele agradeceu por eu não brigar e explicou que precisou sentar-se mais na frente porque não enxerga bem.

Foi aí que lembrei de uma explicação sobre a graça de Deus. Ele faz para nós o bem que não merecemos. Fiquei feliz de ser legal com o Mauro e entender o problema dele.

ORAÇÃO

Deus, obrigado por entender a nossa situação e nos ajudar.

ATIVIDADE

1) Você é brigão ou apaziguador? Por quê?

2) Já recebeu ajuda em vez de bronca? Como foi?

Dia 72

Habacookie

...mesmo assim eu darei graças ao Senhor e louvarei a Deus, o meu Salvador.
—Habacuque 3:18

Sandro foi mal na primeira prova de Ciências.
—Já vi tudo, vou repetir de ano!
—Calma, ainda tem tempo para você se recuperar.
—Mas não entendo nada... vou me dar mal.
—Sabe, Sandro, a Bíblia fala da história do *Cookie*.
—Já existia *cookie* na época da Bíblia?!
—Dããã, eu *tô* falando de um homem... acho que esse era o apelido dele. Então, ele estava passando por uns problemas, mas ele se manteve fiel a Deus, aí Deus se alegrou com o jeito dele e o ajudou a vencer os problemas.
—Você quer que eu fique feliz por tirar nota vermelha?
—Não! Quero que você fique feliz por saber que, ao se esforçar, Deus o ajudará a passar de ano em todas as matérias.

Assim, ele ficou mais animado!

Mais tarde mamãe explicou que o nome desse homem era Habacuque e não *cookie*.

Xi, confundi o nome do homem, mas o importante é que o Sandro se animou.

ORAÇÃO

Querido Deus, quero adorá-lo mesmo em dias ruins.

ATIVIDADE

1) O que em sua vida o chateia mais? O que você faz quando algo dá errado?

2) Nesses momentos, você se lembra de louvar a Deus ou só reclama?

Prova em equipe

Dia 73

> Pensemos uns nos outros a fim de ajudarmos todos a terem mais amor e fazerem o bem.
> —Hebreus 10:24

Hoje, na aula de Educação Física, o professor preparou um circuito com obstáculos e dividiu nossa turma em duas equipes.

Iríamos fazer a mesma prova duas vezes, e a equipe que somasse o menor tempo nas duas corridas, venceria o desafio.

Ah, e tinha um prêmio: chocolate!

O Sandro logo escolheu os meninos mais rápidos da turma.

Quando o professor deu a largada, eles correram na frente... alguns da minha equipe ficaram para trás, o que nos fez perder a primeira corrida.

Um deles ficou bem chateado e veio brigar com quem ficou por último, mas aí lembrei que a mamãe sempre nos ensinou a darmos forças uns pros outros para superarmos os desafios.

Então, expliquei para a galera que só teríamos chance se todos se ajudassem.

Dito e feito!

Na segunda rodada, ganhamos com folga.

E eu garanti meu chocolate, hehe.

ORAÇÃO

Querido Jesus, ajude-me a seguir Seu exemplo: ser bom e ajudar o meu próximo.

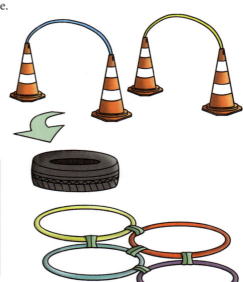

ATIVIDADE

1) Você gosta de fazer tudo sozinho ou costuma ajudar os amigos? Por quê?

2) Já precisou de ajuda para completar uma tarefa? Quem o ajudou?

Dia 74

Meio menino, meio robô

> Pois todas as coisas foram criadas por ele,
> e tudo existe por meio dele e para ele.
> —Romanos 11:36

Hoje entrou um aluno novo em nossa escola. O nome dele é Nicolas e ele é diferente. Ele é meio robô!

Ele tem pernas de aço inoxidável. Chique, né?

Ele pode tirar as pernas. Ele anda com as pernas de aço ou só com as mãos. Ele é muito fera!

Quando a professora entrou na sala e viu toda a turma admirando as pernas especiais do Nicolas, ela começou a chorar.

Ninguém entendeu nada!

—Qual o problema, professora?

—Sabe, pessoal, nós adultos temos a mania de ver o lado ruim das coisas. O Nicolas nasceu com má-formação, e nós sempre pensamos que ele não tem as pernas. Mas, ao invés disso, vocês viram que ele tem pernas e poderes especiais, já que é o único entre nós que consegue andar com os próprios braços. Esse é o jeito que Deus deseja que vejamos a vida: pelo lado bom, que Ele coloca em todas as situações.

ORAÇÃO

Deus, eu acredito que tudo na vida tem o lado bom... ajude-me a enxergá-lo em tudo.

ATIVIDADE

1) Há alguma coisa na vida que você só acha ruim? O quê?

2) Que tal conversar com seus pais e descobrir o lado bom dessa situação?

Estação favorita

Dia 75

> Tudo neste mundo tem o seu tempo;
> cada coisa tem a sua ocasião.
> —Eclesiastes 3:1

Na hora de ir para a escola, mamãe trouxe gorro e jaqueta.
—Está frio! Hoje é o primeiro dia do outono e daqui até o meio do ano vai esfriar ainda mais.
—Não gosto de frio. Devia ser verão e férias o ano todo!
Logo veio a Ana me irritar:
—Aí seria chato!
—Seria nada.
—Claro que seria, Arthur, a gente precisa das quatro estações no ano!
Lá vem a Ana me irritar!
—Ana, eu não gosto do frio e pronto!
Mamãe ajoelhou-se na minha frente, arrumou meu gorro e disse:
—Filho, tudo na vida tem o tempo certo de acontecer. Tem as frutas de época; por exemplo, aquela tangerina que você adora só é colhida no inverno.
—Verdade, mãe?
—Sim, filho. A única coisa que nunca pode mudar é a nossa certeza de que Deus está conosco em todos os momentos, em todas as estações.
Ufa! Que alívio! Passar frio é ruim, mas ficar sem a presença de Deus seria terrível!

ORAÇÃO

Pai querido, obrigado pela sua companhia em todas as épocas do ano.

ATIVIDADE

1) Você gosta mais do inverno ou do verão? Por quê?

2) Em que momento você precisa ter a companhia de Jesus?

Dia 76

Riqueza e felicidade

> Tenham cuidado com todo tipo de avareza porque a verdadeira vida de uma pessoa não depende das coisas que ela tem... —Lucas 12:15

Hoje encontrei um menino novo na escola.

Ele chegou em um carro enorme e importado. O tênis dele era de marca! O relógio supermoderno e o celular do último modelo!

Ele se chama Noah e já passou férias na Europa, nos Estados Unidos... Até o Japão ele conhece!

Todos os videogames irados, ele também tem.

Cheguei em casa pensando que o Noah é mais feliz que eu. Poxa, ele tem coisas tão legais e eu não.

Mamãe disse que estou errado em pensar assim:

—A felicidade não está nas coisas, mas nas pessoas. Ele tem riquezas, tudo bem! Mas você tem Jesus, amigos, família. Esses tesouros nenhum dinheiro pode comprar!

—Verdade, né, mãe?

—Claro! E tem mais alguém que você vai amar muito daqui para frente.

—Quem?

Ela abriu a porta do banheiro e... de lá saiu um cachorrinho!

Que felicidade! Entendi que tenho muito mais do que pensava!

ORAÇÃO

Deus, obrigado por me fazer entender que posso ser feliz com o que eu tenho.

ATIVIDADE

1) Você acha que é possível ser feliz com poucas coisas? Por quê?

2) Quais são as coisas que mais alegram você?

Por que Jesus não me ajudou?

Dia 77

> Por que estou tão triste? Por que estou tão aflito? Eu porei a minha esperança em Deus e ainda o louvarei.
> —Salmo 42:5

Hoje cheguei em casa bravo!

—Mãe, Jesus não foi legal comigo!

—Como assim?

—Eu orei e estudei, e, mesmo assim, fui muito mal na prova de matemática. Estou muito triste!

Corri pro quarto. Eu achei que a mamãe viria logo atrás de mim, mas ela não veio. Será que ela não se importa?

Saí do quarto e a escutei dizendo:

—Tudo bem, querida. Deus a abençoe!

Finalmente ela veio falar comigo.

Pegou-me no colo e disse:

—Filho, eu sei que você se esforçou e as coisas não foram como esperava. Isso acontece na vida de todo mundo!

—Mas, mãe, eu orei!

—Sim, meu amor, e saiba que Jesus estava lá. Ele sempre está. Essa é a nossa segurança! A professora estranhou seu desempenho e de outros alunos. Conversamos há pouco, e ela fará uma revisão da matéria e dará a todos outra chance. Viu? Jesus o ajudou sim, só que de outro jeito.

ORAÇÃO

Jesus, obrigado por estar comigo num momento tão triste. Perdoe-me por ter duvidado.

ATIVIDADE

1) Descreva uma ocasião em que recebeu a ajuda de Jesus.

2) O que você gostaria de dizer a Ele agora?

Dia 78

A missão da professora

> Tu fizeste com que o meu pai e a minha mãe me gerassem, que me dessem a vida.
> —Jó 10:10

A professora Mari, de Ciências, despediu-se da nossa turma hoje. Ela contou que o pai dela sofreu um AVC, pelo que entendi... é um acidente que acontece no cérebro e afeta os movimentos, e agora ele não consegue mais se cuidar sozinho e precisa de ajuda. Então, ela deixará a escola para cuidar dele.

—Mas, professora, a senhora não disse que ama dar aulas *pra* gente?

—Claro que sim, Arthur! Mas meu pai fez tanto por mim e agora precisa da minha ajuda. Eu jamais negaria ajuda a alguém, ainda mais aos meus pais.

Quando contei isso em casa, a mamãe me explicou que cuidar dos pais é a missão da minha professora agora.

—Sabe, filho... na vida, todos temos uma missão. Nesse momento, a missão da sua professora é ajudar o pai dela. Deus está contente porque ela compreendeu isso e vai fazê-lo com carinho e excelência.

ORAÇÃO

Deus, também quero abençoar as pessoas à minha volta e mostrar o Seu amor a elas.

ATIVIDADE

1) Você costuma ajudar as pessoas? Por quê?

2) Quais os tipos de ajuda que as pessoas geralmente pedem a você?

Dia 79

Exercícios difíceis

> Você mesmo deve ser, em tudo, um exemplo de boa conduta.
> —Tito 2:7

Hoje a professora de Matemática explicou um assunto muito complicado. Eu já aprendi sobre isso com o tio Lúcio, mas o pessoal está quebrando a cabeça para entender.

Quando a professora passou os exercícios, eu terminei bem rápido, mas os outros alunos não conseguiram.

Quase no final da aula, uma das meninas confessou para a professora que não conseguia fazer o trabalho. Com a atitude dela, outros alunos tiveram coragem e disseram a mesma coisa.

Eu pensei em mostrar o meu trabalho pronto, mas aí lembrei do que a mamãe me disse uma vez: precisamos pensar na necessidade do próximo. Se eu mostrasse, a professora entenderia que todos poderiam terminar o tal exercício.

Permaneci em silêncio e a professora decidiu que explicará o assunto novamente na próxima aula. Fiquei contente por meus colegas.

ORAÇÃO

Jesus, ajude-me a considerar as pessoas para que elas sintam a Sua presença na minha vida!

ATIVIDADE

1) Você costuma pensar nos seus amigos ou só em você quando toma uma decisão?

2) Conte um exemplo!

Dia 80

Última semana de aula

> E o nosso Senhor derramou a sua imensa graça sobre mim e me deu a fé e o amor que temos por estarmos unidos com Cristo Jesus. —1 Timóteo 1:14

Estamos chegando à última semana de aula! Estamos bem felizes contando as horas e imaginando as férias, menos a Judite, que começou a chorar ontem no meio da aula. Fui conversar com ela, que me disse que não gosta das férias porque a sua família não é legal e o único momento feliz do seu dia é quando está na escola com todos.

Fiquei triste pela Judite! Ela não pode passar mais um período de férias assim.

—Judite, sabia que quando a gente aceita Jesus como Salvador, a nossa vida se enche de paz e de amor, mesmo que as pessoas perto da gente não sejam boas? Jesus, no nosso coração, transforma todo o choro em alegria e nos enche de amor!

—Verdade mesmo?

—Sim! Se você quiser ser amiga dele, Ele vai cuidar e ficar com você até nas férias!

—Então eu quero!

Ela ficou bem feliz em descobrir esse segredo e aceitou Jesus como seu Salvador. Agora as férias dela vão ficar mais alegres. A Judite saiu feliz da escola hoje e eu também!

ORAÇÃO

Querido Jesus, muito obrigado por estar no meu coração e me trazer paz.

ATIVIDADE

1) Em quem encontramos a verdadeira paz?

2) Para quais dos seus colegas você falou de Jesus nesse ano?

Oração

Importante!

Você gostaria de convidar Jesus para morar em seu coração? Ele estará sempre com você, será seu melhor Amigo e você não precisará se despedir dEle jamais. Faça a oração abaixo:

Deus,

Eu entendi que o Senhor me criou, me ama
e está sempre comigo.
Às vezes eu faço coisas erradas, mas sei
que o Senhor pode apagar tudo
se eu me arrepender e pedir desculpas.
Obrigado por ter mandado Jesus para ser meu herói e me salvar.
Obrigado porque Ele morreu, mas está vivo
e quero ter o Espírito Santo para ficar comigo.
Quantos presentes o Senhor me deu!
Quero que o Senhor tome conta da minha vida
a partir de hoje.
Venha morar no meu coração e ser o meu Dono.
Ajude-me a ser o seu melhor amigo
e me ensine a viver do jeitinho que o Senhor planejou pra mim.
Em nome de Jesus, amém.

Você fez essa oração?
Seja bem-vindo à família de Deus! Procure
uma igreja onde Jesus é adorado e onde
a Bíblia é ensinada. Com certeza você vai achar uma
perto da sua casa. E ore sempre,
conversando com Deus em todos os momentos.
Ele é o seu Amigão, não esqueça!

Atividade 01

Caça-palavras

Encontre as palavras das duas colunas no diagrama abaixo:

BÍBLIA	ORAÇÃO
IGREJA	AMOR
SALVAÇÃO	JESUS
PERDÃO	AMIGOS
DEUS	PECADO
FAMÍLIA	GRAÇA

F	A	B	M	Q	P	E	R	D	Ã	O
A	I	A	J	E	S	U	S	E	R	T
M	U	O	O	C	O	C	O	G	A	R
Í	Z	Ã	X	C	V	B	G	R	M	O
L	S	Ç	F	D	B	F	I	A	Ã	L
I	H	A	O	I	E	L	M	Ç	Ú	A
A	A	V	B	G	B	F	A	A	S	M
A	M	L	R	R	K	R	O	C	S	O
W	I	A	Ó	E	O	R	I	B	U	R
A	A	S	F	J	N	A	M	A	E	V
L	U	F	O	A	P	E	C	A	D	O

Encontre os erros

Atividade 02

As duas cenas são quase idênticas. Compare as imagens, encontre e assinale com um X as nove diferenças na 2ª figura. Depois pode colorir a 1ª figura.

Atividade 03

Labirinto

Arthur e seus amigos vão participar de um piquenique, mas eles têm que buscar o lanche na casa da avó dele. Ajude Arthur e seus amigos a pegar a cesta para o piquenique.

Atividade 05

Esquenta Cuca

Resolva o problema em cada caminho e circule a resposta certa. Organize as letras dos resultados para formar uma palavra que diz o que Deus fez quando nos salvou.

$5 \rightarrow +2 \rightarrow -4 \rightarrow \times 3 \rightarrow -1 = \dfrac{6}{S}$ ou $\dfrac{8}{A}$

$4 \rightarrow \times 2 \rightarrow -3 \rightarrow \times 2 \rightarrow +10 \rightarrow -2 = \dfrac{20}{J}$ ou $\dfrac{18}{U}$

$3 \rightarrow +3 \rightarrow -2 \rightarrow \times 2 \rightarrow +2 = \dfrac{10}{L}$ ou $\dfrac{8}{N}$

$5 \rightarrow +3 \rightarrow -4 \rightarrow \times 3 \rightarrow -3 = \dfrac{6}{T}$ ou $\dfrac{9}{V}$

$10 \rightarrow -2 \rightarrow -4 \rightarrow \times 2 \rightarrow +3 = \dfrac{11}{O}$ ou $\dfrac{7}{B}$

"...Ele nos salvou por meio do Espírito Santo, que nos _____, fazendo com que nascêssemos de novo e dando-nos uma nova vida" (Tito 3:5).

Vamos colorir?

Atividade 06

Tenham sempre alegria, unidos com o Senhor! Repito: tenham alegria!
—Filipenses 4:4

Atividade 07

Celebrando a Páscoa

Como você geralmente celebra a Páscoa? Sabe por que essa data existe? Essa celebração começou séculos antes de Jesus nascer quando Deus libertou Israel da escravidão do Egito.

Essa ação de Deus falava de algo muito importante que iria acontecer muitos anos depois: Ele enviaria o Seu Filho, Jesus, para nascer e morrer para nos libertar da escravidão do pecado. Mas não parou por aí, três dias depois que Jesus morreu, algo maravilhoso aconteceu, e é por isso que celebramos a Páscoa. Descubra o que aconteceu escrevendo o nome das figuras nas linhas abaixo e separando a primeira letra de cada palavra no quadro ao lado.

A Páscoa é celebrar Jesus e o que Ele fez em nosso favor, pois Ele...

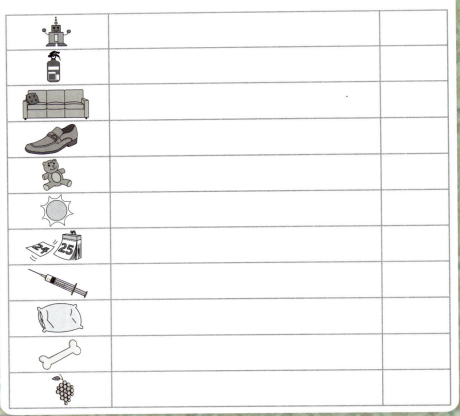

Vamos colorir?

Atividade 08

Sejam bons administradores dos (...) dons que receberam (...) use o seu (...) dom para o bem dos outros!
—1 Pedro 4:10

Atividade 09

Complete o Salmo

O livro de Salmos é um tipo de hinário no Antigo Testamento. As palavras neles contidas eram cantadas durante festas, reuniões familiares e cerimônias.

O salmo abaixo é um dos mais famosos. Você consegue completá-lo sem olhar na Bíblia? Utilize as sílabas do quadro abaixo para fazer esta atividade. Fique atento, algumas delas devem ser usadas mais de uma vez.

QUI	FO	EU	RI	NO	TA
ÁS	PA	DE	TE	MI	ÃO
ME	SE	4	UM	GU	DA
1	RO	23	SAL	EI	MO

O ⬤nhor é o m⬤ pastor: na⬤ me fal⬤rá.

Ele ⬤ faz ⬤scansar em ⬤stos ver⬤s e me leva a

á⬤as tran⬤las.

O ⬤nhor re⬤va as ⬤nhas ⬤rças e ⬤ guia por

ca⬤nhos certos, co⬤ ele mesmo promet⬤.

Ain⬤ que eu an⬤ por ⬤ vale escu⬤ como

a morte, n⬤ ter⬤ medo de na⬤. Pois tu, ó ⬤nhor

D⬤s, est⬤ co⬤go; tu me pro⬤ges e me di⬤ges.

⬤mo ⬤ : -

Vamos colorir?

Atividade 10

...sejam agradecidos a Deus em todas as ocasiões. Isso é o que Deus quer de vocês por estarem unidos com Cristo Jesus.
—1 Tessalonicenses 5:18

Atividade 11

Decifre os nomes

Provavelmente você já ouviu sobre a história de Daniel na cova dos leões. Daniel tinha três amigos que foram levados junto com ele como escravos para Babilônia.

Esses jovens eram tementes a Deus e, mesmo num país idólatra, continuaram a adorar ao Senhor.

Certa vez, o rei Nabucodonosor mandou fazer uma estátua de ouro e mandou que todos em seu reino se prostrassem diante dela em adoração. Quem desobedecesse seria lançado na fornalha de fogo.

Os três amigos de Daniel se negaram a adorar a estátua; o rei ficou tão bravo com eles que mandou que os prendessem, amarrassem os três e os jogassem na fornalha acesa sete vezes mais forte.

Porém, algo tão incrível aconteceu que assustou o rei: "— Não foram três os homens que amarramos e jogamos na fornalha? [...] — Como é, então, que estou vendo quatro homens andando soltos na fornalha? — perguntou o rei. — Eles estão passeando lá dentro, sem sofrerem nada. E o quarto homem parece um anjo" (Daniel 3:24,25).

Depois disso o rei mandou que tirassem os três amigos de lá. Não é maravilho saber que o Senhor está conosco nos momentos mais difíceis que atravessamos? Vale a pena crer e ser fiel a Deus.

Decifre o enigma e descubra o nome desses três amigos de Daniel.

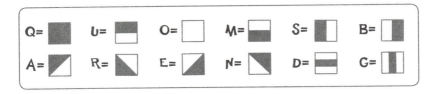

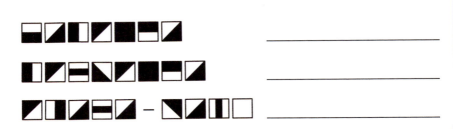

Vamos colorir?

Atividade 12

E tudo o que vocês fizerem ou disserem, façam em nome do Senhor Jesus...
—Colossenses 3:17

Atividade 13

Fruto do Espírito

Depois que Jesus morreu e ressuscitou, Ele enviou o Espírito Santo para habitar em nós e produzir em nossa vida características semelhantes às de Jesus.

"O Espírito de Deus produz o <u>amor</u>, a <u>alegria</u>, a <u>paz</u>, a <u>paciência</u>, a <u>delicadeza</u>, a <u>bondade</u>, a <u>fidelidade</u>, a <u>humildade</u> e o <u>domínio próprio</u>" (Gálatas 5:22,23).

Encontre as palavras grifadas no quadro abaixo:

D	T	A	H	F	P	I	Z	A	Y	W	G	Q	K	N
V	O	Y	I	U	C	M	R	Q	M	I	E	S	Z	I
K	W	M	J	J	M	A	Y	M	S	O	U	T	A	J
T	W	F	I	G	A	I	E	S	N	I	R	J	I	U
E	A	F	R	N	C	A	L	S	M	H	S	E	C	R
F	I	D	E	L	I	D	A	D	E	U	M	B	N	S
C	R	D	O	B	K	O	D	K	A	C	Q	Z	Ê	O
Z	G	W	B	H	C	Y	P	T	I	D	O	S	I	D
A	E	T	O	X	S	A	B	R	L	S	E	O	C	Q
K	L	I	N	O	Z	D	A	D	Ó	R	O	D	A	B
O	A	A	D	G	A	Y	E	S	H	P	H	K	P	L
S	L	S	A	D	K	A	L	A	Y	V	R	J	T	E
A	Z	E	D	A	C	I	L	E	D	S	K	I	H	U
S	I	K	E	Q	V	V	Q	U	S	L	I	Z	O	P

Vamos colorir?

Atividade 14

Que o amor de vocês não seja fingido.
Odeiem o mal e sigam o que é bom.
—Romanos 12:9

Atividade 15

Jesus é...

A Bíblia apresenta muitas qualidades de Jesus e também muitas coisas que Ele traz ao nosso viver quando o aceitamos como Senhor e Salvador da nossa vida.

Leia as passagens bíblicas listadas abaixo, encontre e escreva nas cruzadas o que cada uma delas revela sobre Jesus.

1. João 10:11
2. Tito 2:13
3. João 15:15
4. 1 João 2:1 (ARA)
5. João 8:12
6. Efésios 2:14
7. João 14:6
8. João 14:6
9. João 14:6
10. João 6:35
11. Atos 3:13
12. João 11:25

Vamos colorir?

Atividade 16

...que você vá bem em tudo e que esteja com boa saúde, assim como está bem espiritualmente.
—3 João 2

Atividade 17

Ligue os pontos

A Bíblia fala muito da graça de Deus e de como ela nos dá esperança. Você sabe o que a Palavra GRAÇA significa? Favor ou presente imerecido.

Quando ouvimos falar do grande presente que Deus nos deu, estamos falando de Sua graça, Seu favor em enviar Jesus para pagar o preço pelos nossos pecados e assim nos dar vida eterna. A vida natural em si já é um presente, agora imagine a vida eterna com Deus — sem mais dor ou tristeza.

Ligue os pontos por ordem crescente e veja o que a graça de Deus é.

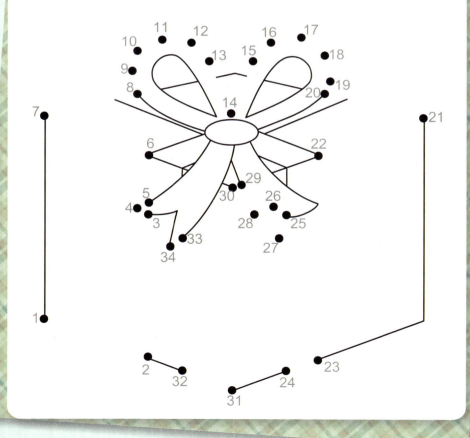

Vamos colorir?

Atividade 18

Louvem o Senhor pelas coisas maravilhosas que tem feito.
Louvem a sua imensa grandeza.
—Salmo 150:2

Atividade 19

Mensagem enigmática

Pode-se entender um enigma como uma mensagem incompreensível, que precisa ser decifrada. Descubra a mensagem bíblica por trás das figuras abaixo.

Decifre cada uma das figuras e escreva o resultado nos espaços indicados. Algumas palavras já foram preenchidas para você.

Dica: É um versículo bíblico.

-TA +QUE   -NTE +US   -VIÃO +MOU   (mundo)   -MPA +NTO

_____ _____ _____ O _____ _____ ,

-ADRO +E   -NTE +U   -APO +EU   -TA +LHO

_____ _____ O _____ ÚNICO _____ ,

-NELA +RA   -IJO   -PA +DO   -ÁRIO +ELE   -ADRO +E   -NÊ +LE   -UZ +ER

_____ _____ _____ _____ _____ _____ _____

-UVEM +ÃO   -CHILA +RRA   -MÃO +S   -UV   -GRÁ   -STRELA +TERNA

_____ _____ _____ , _____ TENHA _____ _____ .

-ANINHA +ÃO

_____ _____ : 16

Vamos colorir?

Atividade 20

(Deus faz) crescer capim para o gado e verduras e cereais para as pessoas, que assim tiram da terra o seu alimento.
—Salmo 104:14

Atividade 21

Natal – aniversário de Jesus

Você sabe o que é o Natal? Por que você o comemora?
O Natal é a celebração do nascimento de Jesus,
o maior e melhor presente que poderíamos ganhar.

O Natal é a expressão do amor de Deus por nós, pois Ele enviou o Seu Filho Jesus para nos salvar e garantir que estaremos para sempre com o Ele se o aceitarmos, obedecermos e o seguirmos.

Veja o que o profeta declarou muitos anos antes de Jesus nascer:

Pois já nasceu uma _____,

Deus nos mandou um _____ que será o

nosso _____.

Ele será chamado de "Conselheiro _____",

"Deus _____", "Pai _____",

"Príncipe _____".

_____ 9:6

▲ ⬢ ● ▲ ● ⬢

Decifre o código para descobrir o nome
do livro desse profeta e escreva-o no lugar indicado.
Depois preencha os espaços em branco.

⬢	●	▲
S	A	I

Vamos colorir?

Atividade 22

Ame o Senhor, seu Deus, com todo o coração, com toda a alma, com toda a mente e com todas as forças.
—Marcos 12:30

Atividade 23

Opostos

Quando entendemos o que é ser um pecador e a necessidade de ter um Salvador, a primeira coisa que o Espírito Santo nos leva a fazer é receber Jesus Cristo como amigo e Senhor de nossa vida.

A natureza humana é pecadora. O rei Davi declarou: "De fato, tenho sido mau desde que nasci; tenho sido pecador desde o dia em que fui concebido" (Salmo 51:5). Sem Deus somos maus, mas quando aceitamos Jesus como salvador, Ele nos transforma: "Quem está unido com Cristo é uma nova pessoa; acabou-se o que era velho, e já chegou o que é novo" (2 Coríntios 5:17). Isso não é maravilhoso?

Observe, à esquerda, a lista de coisas ruins que pertencem à velha natureza. Agora, relacione-as com o oposto delas, que desenvolvemos quando estamos unidos a Jesus:

Desobediência	Humildade
Ódio	Gratidão
Vingança	Luz
Maldade	Pureza
Orgulho	Força
Mentira	Obediência
Inimizade	Amor
Trevas	Perdão
Desleal	Verdade
Incredulidade	Reconciliação
Impureza	Bondade
Ingratidão	Leal
Fraqueza	Fé

Vamos colorir?

Atividade 24

Filho, não esqueça os meus ensinamentos; lembre sempre dos meus conselhos.
—Provérbios 3:1

Atividade 25

Soletrando

Observe as palavras abaixo, você as conhece? Consegue lê-las?
Provavelmente não, mas fique tranquilo,
pois com um pouco de paciência você conseguirá.

Basta colocar as letras invertidas de cada palavra na ordem certa e você as tornará compreensíveis.

DEICAOVONL

EVAGONLHE

MIROISSONÁI

ETDAERENID

COINAFÇNA

BIALBÍ

ACRARDTEI

PEARODOD

SAVÇAOLÁ

DÍLOPISCU

Vamos colorir?

Atividade 26

Ó Senhor, tu és bom e perdoador
e tens muito amor por todos os que oram a ti.
—Salmo 86:5

Atividade 27

Personagens bíblicos

Observe as dicas abaixo. Você consegue identificar as histórias de quem elas se referem?

Se não, procure em sua Bíblia ou peça a alguém para ajudá-lo a encontrar os nomes dos personagens bíblicos e colocá-los nos espaços indicados. As referências* estão no final da página, mas não na ordem correta. Consulte-as somente quando não souber a resposta.

1. Escreveu um dos evangelhos.	7. Gigante que Davi derrotou.
2. Reconstruiu os muros de Jerusalém.	8. Sogra de Rute.
3. Foi um grande sacerdote, profeta e juiz.	9. Foi governador do Egito.
4. Hospedou Jesus em sua casa.	10. Primeira mulher.
5. Mulher de Jacó e mãe de José.	11. Filho de Adão.
6. Orou dentro do ventre de um grande peixe.	12. Homem mais idoso da Bíblia.

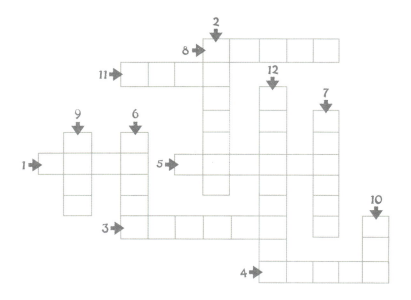

*Gênesis 5:25-27; Gênesis 4:25; 2 Coríntios 11:3; Rute 1:22; Gênesis 41:38,41; Gênesis 29:20; 1 Samuel 17:48,49; Lucas 10:38; Neemias 2:18; 1 Samuel 3:1; Jonas 2:1; Marcos 3:17.

Vamos colorir?

Atividade 28

Façam tudo para conservar, por meio da paz que une vocês, a união que o Espírito dá.
—Efésios 4:3

Atividade 29

Países e bandeiras

Cantem uma nova canção a Deus, o Senhor.
Cantem ao Senhor, todos os povos da terra! —Salmo 96:1

Alguns países possuem bandeiras com detalhes especiais e exclusivos.
Ligue as bandeiras abaixo aos nomes dos países correspondentes:

       Estados Unidos

       Argentina

       Coreia do Sul

       África do Sul

       Brasil

       Japão

       Grécia

       Uruguai

       Austrália

Vamos colorir?

Atividade 30

Quando estou com medo,
eu confio em ti, ó Deus Todo-Poderoso.
—Salmo 56:3

Atividades

Respostas

Confira aqui as respostas e veja se acertou!

ATIVIDADE 01 - Caça-palavras

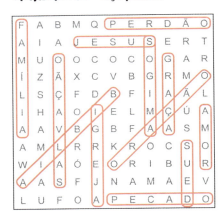

ATIVIDADE 02 - Encontre os erros

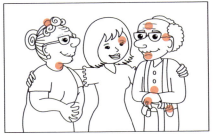

ATIVIDADE 03 - Labirinto

ATIVIDADE 05

Esquenta Cuca

LAVOU

ATIVIDADE 07

Celebrando a Páscoa

RESSUSCITOU

Respostas

Atividades

Confira aqui as respostas e veja se acertou!

ATIVIDADE 09 - Complete o Salmo

O Senhor é o meu pastor: nada me faltará. Ele me faz descansar em pastos verdes e me leva a águas tranquilas. O Senhor renova as minhas forças e me guia por caminhos certos, como ele mesmo prometeu. Ainda que eu ande por um vale escuro como a morte, não terei medo de nada. Pois tu, ó Senhor Deus, está comigo; tu me proteges e me diriges. Salmo 23:1-4

ATIVIDADE 11
Decifre os nomes

SADRAQUE
MESAQUE
ABEDE-NEGO

ATIVIDADE 13 - Fruto do Espírito

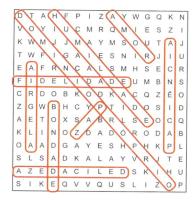

ATIVIDADE 15 - Jesus é...

Atividades

Respostas

Confira aqui as respostas e veja se acertou!

ATIVIDADE 19
Mensagem enigmática

Porque Deus amou o mundo tanto, que deu o seu único filho, para que todo aquele que nele crer não morra, mas tenha vida eterna.
João 3:16

ATIVIDADE 21
Natal - aniversário de Jesus

Pois já nasceu uma criança, Deus nos mandou um menino que será o nosso rei. Ele será chamado de "Conselheiro Maravilhoso", "Deus Poderoso", "Pai Eterno", "Príncipe da Paz". Isaías 9:6

ATIVIDADE 23
Opostos

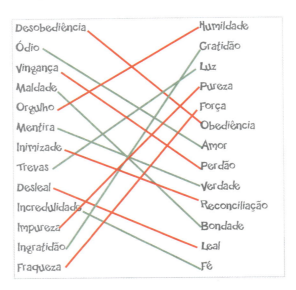

Respostas

Atividades

Confira aqui as respostas e veja se acertou!

ATIVIDADE 25 - Soletrando

DEVOCIONAL
EVANGELHO
MISSIONÁRIO
ETERNIDADE
CONFIANÇA
BÍBLIA
ACREDITAR
PERDOADO
SALVAÇÃO
DISCÍPULO

ATIVIDADE 27 - Personagens bíblicos

ATIVIDADE 29 - Países e bandeiras

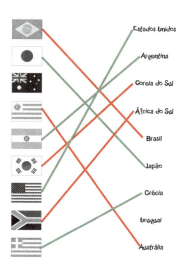

Qual é o papo?

Índice Temático

Encontre aqui os assuntos mais relevantes das meditações do livro e vá direto ao ponto!

Ajudar o próximo	Dia 4, 6, 9, 29, 30, 39, 51, 59, 80
Aluno novo	Dia 4, 71, 74
Amizade de Deus	Dia 13, 55
Amor ao próximo/ Empatia	Dia 19, 23, 26, 29, 35, 47, 51, 78, 79
Amor de Deus	Dia 6, 62
Ansiedade	Dia 7, 42, 66, 72
Atraso	Dia 17, 38
Bagunça	Dia 11, 15
Bíblia	Dia 21, 37, 58
Boas obras	Dia 6, 59
Briga	Dia 34, 53, 56, 60, 71
Bullying	Dia 4, 9, 25, 31, 34, 56
Clima	Dia 57, 75
Compartilhar	Dia 12, 39, 69
Competição	Dia 32, 58, 73
Coragem	Dia 15, 34
Desânimo	Dia 7, 41
Descanso	Dia 1, 80
Desobediência	Dia 54
Diferenças	Dia 4, 74
Distração	Dia 28
Dons e talentos	Dia 50
Egoísmo	Dia 69
Esperança	Dia 38, 41
Espírito Santo	Dia 25, 31
Estudar	Dia 1, 27
Exclusão	Dia 63
Família	Dia 20, 78
Férias	Dia 1, 80

Índice Temático

Qual é o papo?

Encontre aqui os assuntos mais relevantes das meditações do livro e vá direto ao ponto!

Fofoca	Dia 5, 31
Frustração	Dia 49, 59, 77
Generosidade	Dia 12, 35, 39, 69
Gratidão	Dia 39, 70
Inveja	Dia 24, 76
Irresponsabilidade	Dia 54
Jesus	Dia 33, 43, 44, 46, 51, 80
Medo	Dia 7, 28, 34, 64
Mentira	Dia 54, 65
Oração	Dia 10, 18, 42, 70
Orgulho	Dia 18, 47, 67
Paciência	Dia 10, 29
Pedir ajuda	Dia 16
Perdão	Dia 52, 64, 68
Perdão de Deus	Dia 14
Preconceito	Dia 4, 46
Preocupação	Dia 7, 38
Preparo	Dia 22, 42
Pressa	Dia 2
Proteção de Deus	Dia 49, 57
Raiva	Dia 25, 45, 52
Reputação	Dia 40, 61
Salvação	Dia 6, 20
Tentação	Dia 15
Testemunho	Dia 6, 9, 40, 44, 56, 80
Trabalho em equipe	Dia 3, 11, 31, 73
Verdade	Dia 8
Vingança	Dia 25
Volta de Jesus	Dia 36

Risque & Rabisque

Anotações

Registre aqui recados, anotações, contatos ou desenhe suas ideias!

Anotações

Risque & Rabisque

Registre aqui recados, anotações, contatos ou desenhe suas ideias!

Listas & Listas

Parques, praias, sítios, clubes, museus, feiras! Eee!

Anote aqui aqueles lugares muito legais onde você foi com a sua família e lugares que os seus colegas e amigos já foram e recomendam! Hora de trocar informações!

Lugares que já conheci

Lugares que quero conhecer

Listas & Listas

Jogos & Youtube

Escreva seus jogos favoritos, as dicas dos amigos e anote os nomes bem direitinho. Aproveite para trocar informações sobre seus canais de youtube preferidos e os youtubers mais legais.

Jogos que eu amo

Youtubers que eu sigo

Jogos que me recomendam

Canais do Youtube para conhecer

Como eu me sinto

Listas & Listas

Anote aqui como você reage a diversas situações na escola ou em casa.
Escreva que situações são essas.

Situações que me deixam feliz

Situações que me deixam triste

Situações que me deixam com medo

Situações que me deixam com raiva

Listas & Listas

Meus pedidos de oração

Escreva aqui aqueles pedidos que você quer fazer a Deus. Procure um lugar tranquilo e fale com Ele sobre isso. Ele está esperando para conversar!

Deus, eu estou precisando tanto de...

Senhor, eu queria que na minha família acontecesse...

Pai, o Senhor poderia me ajudar na escola? Estou com problemas em...

Deus, preciso que me perdoe. Estou sentindo culpa porque...